庄小萍 ——— 编著

亲密关系

爱情与婚姻

云南人民出版社

图书在版编目（CIP）数据

亲密关系：爱情与婚姻 / 庄小萍编著 . —昆明：
云南人民出版社，2025.4. —ISBN 978-7-222-23605-9
Ⅰ. C913.13-49
中国国家版本馆 CIP 数据核字第 2025MU9983 号

责任编辑：赵　红
装帧设计：邵晓锋
责任印制：代隆参

亲密关系——爱情与婚姻

QINMI GUANXI——AIQING YU HUNYIN

庄小萍　编著

出版　云南人民出版社
发行　云南人民出版社
社址　昆明市环城西路 609 号
邮编　650034
网址　www.ynpph.com.cn
E-mail　ynrms@sina.com
开本　889mm × 1194mm　1/32
印张　5.125
字数　112 千
版次　2025 年 4 月第 1 版第 1 次印刷
印刷　四川机投印务有限公司
书号　ISBN 978-7-222-23605-9
定价　58.00 元

如需购买图书，反馈意见，请与我社联系。
图书发行电话：0871-4107659

云南人民出版社微信公众号

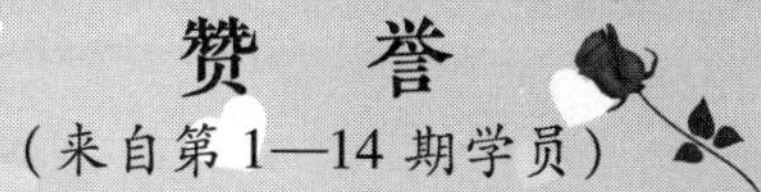

赞　誉

（来自第 1—14 期学员）

01 · 对于每一位渴望和谐亲密关系的人来说，这本书值得成为陪伴您一生的枕边书。

——邓永强

02 · 让我遇到了爱的人，让我开始学会如何爱她。

——汤铭

03 · 学习亲密关系课后，其中的爱与痛、欢乐与悲伤、依赖与边界，让灵魂有了对视，对亲密关系有了智慧的觉知力，从此力量由爱而生。

——玫玫

04 · 学习亲密关系课之前，我觉得需要学习的是对方，学习亲密关系课后，我才知道原来需要改变的是我自己。通过学习改变自己，觉察身边人，调整相处模式，达到共赢的目的，不内耗，不焦虑。

——洪姐

05 · 任何一段良好的亲密关系都需要经营。明确需求，承担后果，学会倾听和表达，看清自己和他人，用适当的方式解决分歧，尊重彼此界限，共同成长。

——琳

06 • 在学习亲密关系课程之前，我不认为这是需要学习的，而认为是自然而然的事情，但是实际婚姻生活中，又遇到很多认为无解的事情。学习亲密关系课程后，大家会从多个角度去分析根本原因，提出解决办法，对正准备选择伴侣或是已经进入婚姻的人们，都很有帮助。当然，学习之后，并不是就不会出现问题，而是出现问题后我们有解决问题的能力，不至于陷入绝望。

——杨艳

07 • 亲密关系没有标准答案。当下先学习，先认识自己、培养解决问题的能力，再慢慢修正，期待清醒地看见你。

——Tang

08 • 学会走进亲密关系，走近自己所爱的人。

—— camel

09 • 学习亲密关系就像在我贫瘠的心里种下了一粒玫瑰种子，打开了我新的视角。随着种子发芽开花，我的家香气四溢，幸福满满。

——紫米

10 • 亲密关系从来都不是自发形成的，而是主动探索自我塑造的过程。如何开启一段良好的亲密关系，如何维持一段长期的亲密关系，都需要我们进行系统化、专门的试练。通过学习亲密关系课程，尝试着去合理表达观点和情绪需求，掌握沟通技巧，化解分歧矛盾，学会看清自我也看清他人，从而提高我们拥抱幸福与爱的能力，争取从浅水区漂浮到深水区畅游。

——旋木

11 · 亲密关系是一段深刻的心灵之旅，它不仅教会我们如何更深层次地理解和沟通，还引导我们学会在尊重和信任中共同成长。这本充满智慧与实践指导的作品，将带你探索爱的艺术。

——兰虹

12 · 亲密关系课程是一门生活技能，掌握它能让你收获美好的自己，寻得心仪的爱人，建立幸福的家庭，获得力量和智慧，面对并处理在爱情、婚姻、亲子等方面遇到的各种挑战！

——姜姜

13 · 亲密关系课程包括但不限于伴侣关系。首先是自己与自己的关系（了解自己，认识自己和接纳自己），然后是自己与他人的关系（爱人、子女、亲人、朋友等）。在发生冲突和挑战时，要识别自己的感受和需求，以及对方的感受和需求，去沟通，尽量做到双赢的结局。

——婷婷

14 · 没学亲密关系课程之前，婚姻生活总是一地鸡毛，时不时会爆发冲突；学习亲密关系课程后总算找到了婚姻幸福的密码，有方向，有方法，不再茫然无助、消极被动，而是主动改变调整自己。自己越来越好，家庭越来越和美，生活越来越有滋味。是亲密关系课程让我找回了自我，找回了自信，找回了幸福的钥匙。

——钟钟

15 · 先学会爱自己，再爱别人。

——娟

16 · 在亲密关系里认识自己，慢慢成长，更懂得去爱。

——子其

17 · 向内生长，向外探索。不纠结，不内耗。坚持把时间花在自我成长上，做个长期主义者。只有自己学习成长了，“看见”自己的需求，才有更多力量去“看见”并且爱身边的所有人！

——洁

18 · 学习亲密关系课程，是让我自知、自省、自洽的过程。

——一个青春期孩子的妈妈 Helen

19 · 思考什么是爱情，什么是婚姻。

——番茄

20 · 结婚就像盲人摸象，人人觉得我最棒。欢声笑语笑满堂，婆婆孩子聚一堂。生老病死才知道，人生不过几十载。初心到此心已死，反转难眠不知处。初闻此书心已跳，抱着试试读一读。读到此处才知道，悔恨当初不早读。

——曾舟

序言

结婚时
你我的誓言都是真的
是什么让我们彼此改变
从相识相恋相守走到现在
从陌生到熟悉　从熟悉到陌生
从甜蜜到疏离　又从绝望到亲密
不断寻找探索
甚至失去
这是怎样一个复杂的过程
原来
爱情和婚姻是不尽相同的
原来
努力也需要确定方向
原来
每个人的内心深处
都渴望一个满心欢喜

几乎每个人都希望拥有一份甜蜜的亲密关系。在寻觅伴侣这个似乎永无止境的冒险旅程中，很多人不惜花费大量精力、物力不断寻找、失去或者离开，如此循环反复，直到觅得理想伴侣或至死方休。正如徐志摩所言，对于爱情婚姻一事，得之我幸，不得我命，可见人生得一理想伴侣难度之大。有些人即使得偿所愿，有情人终成眷属，但是不会经营，亲密关系渐渐成为沉重的负担，待最初的甜蜜退去之后，不满与挣扎随之而来，把希冀中的甜蜜生活过得一地鸡毛。

亲密关系就如一种完美设计，它既能充满让人流连忘返的激情和爱恋，又能激发彼此伤害的动机和行为，它让处在关系中的人既可以因为爱（事实上是伴侣的行为）带来很深的满足感、重要感与归属感，也可以因为彼此的脆弱、痛苦和恐惧带来难以预测的冲突、烦恼甚至伤害。在生活中，亲密关系可能是一种充满快乐、力量与智慧的人生旅程，也可能是有着烦恼、痛苦甚至绝望情绪的生命旅程。这就意味着当人们开始寻觅人生伴侣时，一定要知道自己真正追寻的究竟是什么。甜蜜的爱情、心满意足的婚姻，并不只是为了避免孤单或渴望有人能分享自己的喜怒哀乐，不仅仅是生活中简单的慰藉和陪伴，而是鼓励一个人超越自我、激发自己去寻找人生的意义和方向，并在受到考验时给予彼此精神层面的支持、帮助，建立一种有深度的人际关系。

良好的亲密关系是一种能使人变得越来越美好的关系，有人称之为“灵魂关系”。在这样的情况下，人们不只是想得到什么，而且希望付出——不自私、不求回报地付出。自现代婚姻制度建立以来，婚姻一直对后代繁衍、家庭和谐、社会文明起着至关重要的作用。正确认识亲密关系，理解亲密关系的发展、变化特征和规律，特别是双方在关系中的角色与资源分配，对于当事人及其家庭的幸福至关重要。然而，随着经济、文化、科技的发展，传统的一夫一妻制渐渐受到很多挑战甚至质疑。不少人在追求浪漫真爱的过程中不断受挫，不断失望，但亦有人能重新振作，继续寻找理想中的亲密伴侣，学习根据各自不同的需要发展出程度不同、模式不同的亲密关系。比如，有些国家提议婚姻关系按照合同制两年一签或者五年一签，誓约变契约，很大程度上要求人们重新审视亲密关系模式。誓约还是契约，如何满足人们在亲密关系中日益增长的精神需要，帮助愿意进入婚姻的人们去认识婚姻、了解婚姻、经营婚姻，通过对婚姻知识的了解形成对婚姻的系统认识，避免对婚姻关系产生完美主义、浪漫主义或个人主义等错误期待，这是一个亟待解决的问题。

亲密关系更是一种复杂的社会关系，涉及爱情、友情、亲情，有着其独特的客观规律。因此，需要人们用一种科学的态度去认识它、尊重它、经营它，对亲密关系客观规律的认识和研究有助于人们理解和解释亲密关系中的世界。通过学习相关理论，改变人们凭借个人经验和看法、个人情感关系理论、个人认知来解释周围世界与他人行为的习惯，可以用更新的理论系统认知去预测、推测一段关系的发展，可以预测自己跟一个人的关系是否会发展成令自己满足的亲密关系，可以知道自己为什么选这个人而不是另一个人。

艾瑞克·弗洛姆在《爱的艺术》中指出，爱情不是一种与人的成熟程度无关、只需要投入身心的感情。如果不努力发展自己的全部人格并以此达到一种创造倾向性，那么每种爱的试图都会失败；如果没有爱他人的能力，如果不能真正谦恭地、勇敢地、真诚地和有纪律地爱他人，那么人们在自己的爱情生活中也永远得不到满足。人们对每段关系的预期、行为或理解大部分都是受认知影响的，用这些认知来控制和规范自己的行为，用理性的认知与信仰去面对，去经营，这样才能让亲密关系在每个人的内心深处开出花来。

《亲密关系——爱情与婚姻》一书旨在探讨现代婚姻制度下的亲密关系理论以及人们在婚恋关系中产生的亲密关系行为。这些理论就如婚恋关系的地图或导航，指导人们找到伴侣在亲密关系中的位置和坐标，指引伴侣婚恋关系的方向，帮助伴侣解决婚恋关系中的各种问题。这些理论整合社会学、心理学、伦理学、经济学、风俗学以及哲学等相关研究成果，帮助伴侣调整在婚恋关系中的变化机制，适应后工业时代下新型家庭的关系建立与和谐发展。

总之，婚姻是一个社会学名词，是成年男女选择的一种社会生活方式；爱情是一种情感表达方式，是彼此荷尔蒙的相互作用。如何将感性的情感注入理性的生活，从而建立一种理性的婚恋观，是《亲密关系——爱情与婚姻》的目的、意义和价值所在。正如德国医学家、哲学家、自然科学家巴拉赛尔士所说，一无所知的人什么都不爱，一无所能的人什么都不懂。什么都不懂的人是毫无价值的。但是懂得很多的人，却能爱，有见识，有眼光……对一件事了解得越深，爱的程度也越深。如果有人以为，所有的水果都同草莓一起成熟，那TA对葡萄就一无所知。

目录

目的篇

理论篇

实践篇

目的篇

第一章
婚姻的目的和蓝图

婚姻，我替你们试过了，人生的另一半如果选错了，往后余生，每一步都是错，你会尝尽人间苦楚，取舍两难。其实，相貌和财富都不那么重要，重要的是人品，是责任和担当，以及原生家庭刻在骨子里的三观和教养。所以，选择和谁结婚真的不一样，有的人进入到你的生命里，会让你觉得人间值得，会成为你的光，而有的人，会把你的光都熄灭。

——张爱玲

张爱玲说，也许每一个男子都有过这样的两个女人，至少两个。娶了红玫瑰，久而久之，红的变成了墙上的一抹蚊子血，白的还是“床前明月光”；娶了白玫瑰，白的便是衣服上沾的一粒饭黏子，红的却是心口上的那颗朱砂痣。就是说，男人无论挑了哪一个，日久都不会珍惜了，反而会只念及未挑选的那一个的好。一句话道尽浪漫爱情与现实生活的取舍两难。三毛又说，爱情如果不落到穿衣、吃饭、睡觉、数钱这些实实在在的生活中去，是不会长久的。真正的爱情，就是不紧张，就是可以在他面前无所顾忌地打嗝、放屁、挖耳朵、流鼻涕；真正爱你的人，就是你可以不洗脸、不梳头、不化妆见到的那个人。可见，再浪漫的爱情进入婚姻都需要有保鲜的意识和处理现实日常生活的能力，否则很容易陷入一地鸡毛的尴尬境地。

婚姻，究竟是什么？

自婚姻产生以来，不同的文化拥有各自不同的起源故事。神话作为人类最初的认知方式和早期哲学思维，蕴含着文化的基因。不同的神话故事反映了人们在某一主题上的不同或者相似认识，从而为人们的生活提供指导。因此，许多文化的婚姻观念和习俗往往源自各自的神话故事，这些故事不仅揭示了婚姻的起源和意义，也赋予了婚姻的神圣性和文化价值。

一、从神话故事角度分析婚姻目的和蓝图

就婚姻这一主题说，从古希腊神话中可以发现，地母盖亚和天神乌拉诺斯、塔尔塔罗斯的一妻多夫制在其第二代神灵中就演变成克洛诺斯和瑞亚的一夫一妻制，直到第三代宙斯和赫拉将其婚姻模式稳定下来，不管宙斯如何天上人间美女一大堆都只有赫拉一个妻子。在希腊神话的夫妻关系中，夫妻关系是平等且势均力敌的。地母盖亚可以把婚姻中的领导管理权赐予丈夫乌拉诺斯，当乌拉诺斯为了权力而吞食掉自己的孩子时，地母盖亚也能割掉乌拉诺斯的生殖器来惩戒这个不合格的父亲，把赐予丈夫的权力收回来，因为对于作为母亲的盖亚来说，后代的繁衍

比起权力的维持在婚姻关系中显然更加重要。所以，在希腊神话中既有婚姻模式的约定俗成，即一夫一妻制，丈夫的家庭领导权是妻子赐予的，可以赐予，也可以收回，又明确界定了婚姻关系中的丈夫、妻子角色，同时对父亲和母亲的角色定义也非常清晰。

与古希腊神话中的婚姻起源故事相比较，伊甸园故事中的婚姻关系是完全不同的。上帝看见亚当孤独且没有配偶帮助他，“那人独居不好，我要为他造一个配偶帮助他”。上帝在亚当沉睡时，取下他的一根肋骨，又把肉合起来，用所取的肋骨造成一个女人，领她到亚当跟前。上帝说：“这是你骨中的骨，肉中的肉，可以称她为女人，因为她是从你身上取出来的。”因此，人要离开父母与妻子结合，二人成为一体，成为夫妻的二人赤身露体并不羞耻。在这个故事的夫妻关系中，丈夫和妻子是一体的，彼此称对方为自己的“另一半”，他们是“骨中骨、肉中肉”的关系（在中国文化中只有母子、父子关系才是骨肉关系）。在这种“骨肉”文化的夫妻关系中，丈夫需要具备“认得”自己妻子的能力，妻子需要具备与丈夫“合二为一”，“陪伴”“帮助”丈夫的能力。尤为重要的是二人“赤身露体不为羞耻”，即双方在彼此面前是透明的关系，是坦诚相待的，无论是肉体还是心灵，无论是优点还是缺点，完全暴露在彼此面前都会被对方包容和接纳，不会为自己的不完美而感到羞愧。

最后，来看看中国盘古、女娲神话故事中的婚姻伦理模型。根据《运斗枢》《元命苞》中记载，中国建立婚姻家庭、造人的是女娲。从盘古开天辟地、女娲造人的神话故事中，人们可以看到父亲和母亲角色的清楚定义，而盘古和女娲不是夫妻关系，即中国传统神话故事中没有明确“丈夫”“妻子”的角色定义，只有父亲、母亲的角色定义。据《淮南子》记载，盘古开天辟地之后，女娲用泥捏了人类，登基皇位，镇守冀方的水神共工十分不满天界的秩序，于是兴风作浪。女娲令火神祝融迎战，共工不敌祝融，愤怒之下撞倒擎天柱不周山。从女娲补天的神话故事中可以看到，即使男人因为他们的不满、鲁莽或冲动导致了灾难性后果，都需要女人去收拾烂摊子、承担责任。这就给传统文化中的女性赋予了某种特定的文化角色基因，“母亲”不仅很难获得家庭的领导权而且还需要具备收拾“烂摊子”，也就是要有“补天”的能力。直到黄帝时期，黄帝娶了嫫姆、许由、蚩尤之女、先妣（窈窕淑女）等四位女性为“妻”，标志着女性权利的彻底丧失，成了男权时代的标杆，即一夫一妻多妾制的形成。在中国开天辟地的神话故事中，男性和女性是可以合作的，但是黄帝以后大多是用不同女性满足男性在婚姻关系里的不同需求，女性的能力属性逐渐只显现在满足丈夫需求、生育子女这些目的中，甚至连家庭关系中作为妻子身份的唯一权利属性都失去了。

二、 从伦理规则分析婚姻的目的和蓝图

（一）中国传统婚姻目的

据《礼记·昏义》记载：“婚姻者合二姓之好，上以事宗庙，下以继后世。”这句话非常清楚明白地记述了婚姻的目的和蓝图，只在于宗族的延续及祖先的祭祀。这种婚姻伦理观念完全是以家族为中心的，不是个人的，也不是社会的。家族的延续与祖先的祭祀，二者的关系异常密切，有时是不可分的。但根据祖先崇拜的目的性而论，二者之中后者的目的更重于前者，甚至可

以说为了使祖先能永享血食香火，故必使家族永久延续不辍。在这种情形之下，人们自不难想象结婚成为子孙对祖先之神圣义务，也更不难明了为什么独身及无嗣被认为是一种愧对祖先、不孝的行为。

人们可以清楚地看到这种伦理规则不曾涉及男女本人，那种男女的结合须顾到夫妻本人的意志实在是不可想象的事，其终极目的在于生育、传宗接代，是一种重家族轻个人、重生育轻爱情的婚姻伦理。

（二）中国现代婚姻目的

现代婚姻的目的由家族本位发展为谋求个人的自由权利和幸福，由传统婚姻中的重生育发展为重爱情，个人本位的自主婚姻。现代婚姻强调“男女平等”“婚姻自主”“婚内性生活”“婚内感情”。在现代婚姻伦理观念中，爱情是一种精神状态，只有具备这种精神状态才能有接近肉体的权利，两情相悦才是幸福的、满意的。所以在现代婚姻关系中，人们非常看重婚姻中的爱情成分，极力推崇具备爱情因素的婚姻关系，没有爱情的婚姻会受到同情，当婚姻中爱情消逝时，选择结束这段关系的男女不再受到责难，更多的是包容和接纳。

（三）西方文化婚姻目的

西方文化中明确规定男女结婚时须离开父母与妻子结合，二人成为一体。这里的夫妻结合，是指夫妻双方忠于彼此和坚持，强调一种长久永恒的关系，是誓约而不是契约。成为一体是指夫妻双方身心合一，肉体和心灵合一，赤身露体不为羞耻。这里的“赤身露体不为羞耻”也包含两层意思，一是指当男女双方了解了彼此身体上所有的特点后不嫌弃对方；二是指了解了双方的弱点后精神上不嫌弃对方。

研读一下西方婚姻的誓词："无论顺境或逆境，富有或贫穷，健康或疾病，你们都愿意彼此珍爱、彼此忠实、彼此扶持吗?"从誓词中可以看到，西方文化中的婚姻伦理观念强调的是生活上相互照顾、精神上相互扶持的伴侣关系，是对于自己选择的一种承诺，是重个人自由意志的婚姻，而且这种自由选择是立于当下。切忌用发展的眼光去选择伴侣，也就是你愿意和现在的这个人结婚！因为人们对未来的发展是不可知的，如果带着期待进入婚姻很容易走入误区，因为没有人能预测未来，特别还是超出期待的幸福未来。

三、 社会现存主要婚姻模式

婚姻模式是人们在长期生活中形成的一种情感行为规范，它既是情感模式的反映，又是道德伦理规范的体现。人们可以从大量的神话故事、小说、影视作品中看到不同背景下各种各样的婚姻模式，比如《呼啸山庄》《朗读者》《英国病人》《廊桥遗梦》《荆棘鸟》……仅《安娜·卡列尼娜》一书中就出现了四种婚姻模式，古希腊神话故事中出现了四十多种婚姻模式，只有多读、多看、多听，愈是见多识广，愈能深刻意识到二者之间的紧密联系，也能为建立自己的爱情方程式提供基础模式和解决问题的参考模式。由于国家、民族、宗教、风俗文化的不同，世界上的婚姻模式也有很多种分类，这里从感性和理性的情感认知角度把婚姻模式分为理性婚姻和浪漫婚姻两种模式，其中理性婚姻模式又分为社会理性和个人理性两种。

（一）理性婚姻模式

1. 社会理性模式

（1）中国传统婚姻模式

这种婚姻模式强调举案齐眉、从一而终、门当户对，是父母本位的婚姻，是身不由己的婚姻。父母之命，媒妁之言。《诗经·齐风·南山》云："娶妻如之何，必告父母；娶妻如之何，匪媒不得。""男不告父母而娶，女不由媒而嫁，则终身为人所不齿。"个人完全没有选择配偶的自由和权利，且在婚姻关系中，男主女从，丈夫把家庭管理权让渡给妻子，妻子并无真正的家庭管理权。

（2）西方婚姻模式

这种模式是男女双方按照上帝意志连成一体，夫妻称双方为"我的另一半"。婚姻是由上帝意志决定的，为了人类自身利益而组合，即两个不同性别的双方结合成一种永久性关系，互助互爱直到永远。当一方有病或者有难时，另一方应予关怀、帮助，而不是由子女通过孝道来负责照顾。夫妻双方的结合意味着新的一体的建立，这种结合既为了双方成为终身伴侣，让彼此完全，也是为了生儿育女，但这些都是在上帝意志的指导下完成的。

婚姻双方以爱为基础，双方永远相互忠诚。相互之间的性欲满足是婚姻中的合法发泄，这是防止人类罪孽的疏导方法，而不是享受纵欲的欢乐。在夫妻关系中明确规定丈夫是妻子的"头"，不论内外，女人要找好自己的"头"。亚洲女人喜欢"仰视"丈夫，亚洲男人喜欢"俯视"妻子，根据自己的性格特点，找到各自所需。夫妻是骨肉之亲，子女是托管的产业，是迟早要分离出去的，而夫妻是不能分开的，是彼此最重要的托付。

在这种婚姻规范中，丈夫不仅是妻子的“头”，丈夫更要爱妻如己，关心妻子的需要，服侍妻子，把妻子的需要放在自己之上。同时，妻子要敬重丈夫，顺服丈夫。什么是敬重？妻子要尊重和敬畏自己的丈夫，也就是她注意到他，重视他，尊崇他，喜欢他，仰慕他，顺从他，称赞他，爱他，并且十分恋慕他。什么是顺服？顺服不是意味着无条件服从。敬重丈夫不是因为他配不配，而是因为这是妻子一生内心最深的需要。让自己的丈夫非常确信地知道，当妻子知道他所有缺点而仍然喜欢他时，他就会愿意为家承担责任，去履行他的诺言。妻子永远不要说“你不值得我尊重”，其后果和丈夫说“你不值得爱”是一样的。

在这种模式中，爱是无条件接纳。丈夫如果害怕做决定是缺乏自信心，或者怕被妻子批评，妻子就要尊重丈夫的决定，鼓励他、接纳他，给予其安全感。智慧妇人建立家室，愚钝妇人亲手拆毁。不要以辱骂还辱骂，而是要祝福。男人需要尊重，女人需要爱，这些都是夫妻双方各自内心最深的需要。

2. 个人理性模式

这种模式以理性为基础，以个人为中心，家庭是通过两人理性的择偶标准，甚至通过现代技术的帮助而结合在一起，但是两人仍保持相对的独立性。可以试婚、同居，但当两人发现婚姻不能达到目的时，他们会按照理性进行调整和适应，如调整适应失败，则按理性分居或离婚。

这种模式是非常强调男女平等、责任自担、后果自负的自主婚姻，尤其强调个人的婚姻自主权、个人本位，即个人在家庭关系中拥有充分的自由和选择的权利。这种平等是精神上、人格上的平等，而不是物质上、家庭事务上的斤斤计较。

（二）浪漫爱情家庭模式

这种模式是建立在理想化的爱情基础上的婚姻，婚姻注重个人意志的选择，个人意志可以建立、改变或破坏婚姻和家庭。个人幸福放在首位，婚姻只是个形式，它没有永久性。一旦感情破裂，双方即分手。

所以无论是哪一种婚姻，过去的还是现在的，传统的还是现代的，都需要去认识婚姻的本质，即一是需要照顾个人的基因偏好，也就是性偏好（肉体吸引），二是需要解决人类生活中的各种生存适应性问题（人格魅力）。从前面的婚姻模式中我们可以看出，社会理性婚姻重解决人类生活中的各种适应性问题，忽略个人的性偏好（中国传统婚姻目的中根本没有个人情感性偏好的考虑）；而浪漫婚姻模式重个人性偏好而容易忽略生存适应性问题所需的能力考量。从中西方婚姻目的的规定可以看出，要把二者很好地结合起来即两种目的同时满足真的是有很大难度的，这就要求每一个进入婚姻的人需要认清婚姻的本质，明白婚姻的目的，选择适合自己的婚姻模式。

四、 现代亲密关系伦理规范

亲密关系是一种强烈联系的、密集多样的、相互依赖的、持续时间很长的关系，是一种特别的、唯一的、有占有欲望的以及需要长期的相互依赖。它有以下几个特点。

1. 精神上亲近，彼此关心，性生活美满

很多人误以为选择最合适的对象最重要，其实更重要的是如何经营你选择的爱情。

2. 关心TA、理解TA、尊重TA

人要被了解而不是被认可，要表达自己而不是粉饰自己。

3. 承担责任

不能误以为理想的爱情没有冲突，冲突是不可避免的。经营爱情需要付出努力。

4. 生养敬虔的后代

爱情与婚姻的区别和联系如下：爱情是一种人类发展过程中本能的情感方式，它是人们自然而然产生的身体上和精神上的相互吸引，是感性的、本能的情感欲望。而婚姻是一种人类发展过程中为解决适应性问题产生的一种社会生活方式，它需要满足生存所需要的各种现实条件，是人们理性的选择，需要道德伦理和个人意志双重约束的生活方式。

五、 婚姻中的威胁（见附3）

威胁一：适应上的困难。

威胁二：彼此要求的模式，百分之五十对百分之五十，彼此要求，结局是彼此隔绝。

威胁三：自私破坏合一。

威胁四：困难和试练。怪罪对方，变成加倍的压力，应该一起面对困难，陪伴、承担，而不是抱怨。

威胁五：外遇（百分之九十导致的离婚）。

六、 婚姻自由的三个条件

第一，要有关于婚姻的某些知识，因为你不能做盲目的选择，要先知道选择有几种选项，就是几种可能性。

第二，你需要意识到某些规范，也就是要根据某些标准来做选择。

第三，要有自由意志，也就是独立思想。当一方陷入困难时，你有支撑整个家庭的能力；当婚姻陷入绝境时，你有解决困难的能力；当婚姻关系破裂时，你有离开的勇气和能力。

一份稳固的婚姻才能构筑起一个稳固的家庭，快乐、幽默、刺激、良好的夫妻关系会让人感觉幸福，让人满足，可最大的难题是改变。因为改变是绝对存在的、不可避免的。结婚时的誓言都是真的，怎样面对随后的改变是每一个婚姻关系中的人需要面对和解决的问题。爱情中没有牺牲，只有心甘情愿。爱情中的付出需要伴侣全力以赴，但基础不是责任感，不是否定自我的利他主义，而是——因为你，我想成为一个更好的人。

附 1

罗素：婚姻幸福或不幸的原因是什么？

原始的一夫一妻制初次的破坏，大概是因为经济动机的侵入。这种动机只要在性的行为上发生了影响，就总是有害的，因为它以奴隶或买卖的方式代替了建筑在本能天性上的关系。

我们环顾现在这个世界，问问自己，到底什么条件促进婚姻的幸福、什么条件造成婚姻的痛苦的时候，我们不能不得到一个奇怪的结论：愈文明的人，似乎愈不能和一个伴侣有永久的幸福。

通常来说，人们彼此区别最少的地方，婚姻最为容易。假如一个男子和别的男子相差无几，一个女子和其他的女子也区别不多的时候，那就没有理由去悔恨未曾和另外一个人结婚。但是，假如人们的嗜好、事业与兴趣都各不相同，则他们总希望有一个与自己性情相同、情投意合的伴侣；当他们发觉所得到的没有他们本可以得到的那么多的时候，他们就会感觉不满。

还有另一个可以增进婚姻幸福的条件，那就是社会上要很少有未婚的女子，并且做丈夫的会见体面妇女的社交场合很少。假如男人除了自己的妻子以外，没有与别的女子发生性关系的机会，那么除了太坏的婚姻以外，大多数的男子都将尽量利用现状，并且会觉得也还过得去。妻子方面也是如此，尤其是假如她们没有幻想过婚姻应该有很多幸福，她们尤其会如此。换言之，倘若夫妻双方都没有希望从婚姻中获得多少快乐，则他们的婚姻很容易成为所谓快乐的婚姻。

假如婚姻的缔约被认为是最终的、不可反悔的，则社会上也就不会有什么刺激想象力的东西，使得男女越出婚姻门限之外想入非非，以为可以获得更多欢乐和幸福。要想保持家庭的平和、夫妻的和睦，只需要夫妻的行为都不能太无所顾忌地堕落于一般社会公认的正当行为标准之下，而不管这种行为标准到底是怎样的。在现代世界文明的人民当中，这些所谓幸福婚姻的条件没有一个存在着，因此，一般婚姻在最初几年以后，很少是幸福的。

我想，不受拘束的文明人，无论是男子或妇女，他们的本能通常都是要求多妻或多夫的。他们可以深堕情网，可以若干年完全醉心钟情于一个人，但是迟早性关系上的惯熟会使热情降低，于是他们开始在别的地方寻求复活从前曾有过的兴奋情感。自然，凭借道德的力量是可以控制这种冲动的，但是，要想使这种冲动根本不致发生，却是很困难的，随着妇女自由的增加，夫妻不忠贞的机会比起以前的时代来增加了许多。机会产生念头，念头产生欲望，而当没有宗教上的顾忌的时候，欲望就产生行动了。

妇女的解放在很多地方都使得婚姻更加困难。以前做妻子的要使自己适合丈夫的意志，而丈夫不必使自己适合妻子的意志。如今许多做妻子的，以妇女有她自己的个性与事业的权利为理由，过了某个程度就不肯再去将就丈夫了；而男子仍旧企求以前传统的男性统治，不能理解为什么他们应当适合妻子的意志。遇到不忠贞的事情时，这种困难尤其容易发生。

爱情只在自由和出于自愿的时候才能滋长浓密，要是有义务的意思包含在内，爱情就会很容易被毁掉。毫无疑问地，我们心中要是只有婚姻而拒绝别处爱情上的接近，实在是自己减少了包容性、同情心和与人类接触的宝贵机会。因为这种种缘故，婚姻就困难了。假如要婚姻不妨碍幸福，我们就必须改变对它的观念。假如婚姻中没生子女，则纵使双方都尽量循规守礼，离婚也常常成为正当的解决办法。但是，在我看来，假如婚姻已经产生了结晶，而且夫妻双方对它的态度是讲理的、正派的，那么，所期望的事应该是婚姻能白头偕老，而不是它能排斥别的性关系。

凡婚姻是以热烈的爱情开始，并生了可爱的子女，则夫妻之间应当发生一种离不开的感情，纵使在性的热情衰退以后，纵使一方或双方对于别人产生了性的热情，他们还是觉得，在他们伴侣的情谊里，仍旧有一种无限珍贵的东西存在。这种婚姻上的醇美情感，由于嫉妒的原因而不能得到表现。不过，嫉妒心虽然是一种本能的情感，只要我们不把它当作正当的道德的愤恨而认为它是不良的东西，则嫉妒心也是可以加以控制的。伴侣间的感情经历了多少岁月，同甘苦，共患难，自然有其丰富的内容，不论初恋的日子多么愉快，也是赶不上的。时间能增加许多事物的价值，凡是能明白这道理的人，谁愿意将那般的感情，为了新欢就轻轻地抛弃？

所以，就是在文明的社会里，婚姻中的快乐也是可能的，只不过需要满足许多条件才行。男女双方都必须有平等的心理，彼此不干涉对方的自由，一定要有身体上和心灵上的完全的亲密，并且对于尊重的事物，一定要有彼此相同的标准（譬如若一方只重视金钱，而另一方则只重视工作，这是很危险的），假如这些条件都具备了，我相信婚姻是两人之间所能存有的最好、最重要的关系。假如人们从前不曾认识这个事实，那最大的原因是因为夫妻双方都把自己当作是对方的监视人。倘若我们要婚姻尽量地成功，丈夫和妻子都必须了解，不管法律怎样说，在他们的私人生活方面，他们必须得是自由的。

附 2

亲密关系公约[①]

第一条：我承诺好好回应你，就像我也渴望得到你的回应一样。

第二条：我承诺把你看作不完美的人，而不是有问题的人。

第三条：我承诺如果委屈就会让你知道，哪怕我担心这些委屈会让我显得有些脆弱。

第四条：我承诺就算吵架，也会避开你的痛点。

第五条：我承诺及时伸出修复关系的橄榄枝，也接受你伸过来的橄榄枝。

第六条：我承诺尊重你说“不”的权利，无论我多么希望靠近你。

第七条：我承诺不评论你的原生家庭，因为我知道那是你的来处。

第八条：我承诺不逼迫你改变，而是用我的改变带动你的改变。

第九条：我承诺不拉拢孩子来表达对你的不满，而只把问题留在你我之间。

第十条：我承诺不跟你争输赢，因为我知道要么我们都输，要么我们都赢。

---

① 节选自陈海贤的《爱，需要学习》。

第十一条：我承诺永远对你抱有期望，不管你会不会让我失望。

第十二条：我承诺和你在一起我会竭尽全力，这样如果我们真的分开了，你也知道我已经无能为力。

附 3

合一的婚姻（婚姻中的威胁）

威胁一：适应上的困难

有很多夫妻来我这边请求协谈和辅导，我问他们为什么要分手呢，为什么要离婚，他们说他们实在适应不下去了，太难了。适应困难是一个很普遍的、好像文化潮流一样的东西。我们现在的文化好像并没有鼓励要夫妻合一。比如说，现在可以分开报税，有分开财产制，还有自由处分金。欧洲的一个国家甚至还在考虑要把结婚证书改为有效期限两年，意思就是说两年到了，大家可以选择是否再续约。所以，这就是一种文化潮流，变成人们好像并不被鼓励来营造合一的关系。遇到适应困难，就打算分手，就好像做生意拆伙了一样。所以，这种会造成适应上面的困难。

另外一种原因是，背景的不同也会造成适应上面的困难。

还有结婚的动机，即为什么要结婚，也会造成适应上的困难。很多人就是因为性（异性）的吸引，或者因为看中对方的钱财、美貌、地位……进入婚姻里面，但往往对婚姻真正怎么去营造他们并不知道。所以，这个也会造成适应上的困难。

更严重的是对婚姻有错误的期待。很多人说我跟你结婚就是希望你能够来看我老爸老妈，当看护一样的。另外就是，我希望能够每天都吃满汉全席、找一个好厨师这种错误的期待。

有一对已经快订婚了的年轻人来找我，他们说他们实在没有办法决定要走下去了。女方说实在不甘心要嫁给男方。我问为什么，她说七夕情人节的时候，她希望男朋友送给她九十九朵玫瑰花。我问她为什么要九十九朵玫瑰花，她说因为这代表爱情久久，九十九就是久久，玫瑰花代表爱情。我说这个九十九朵玫瑰花太贵了吧，她说哪里，才一万多块钱。这个女孩子，她收入很多，所以她觉得这只要一万多块钱。我转过身对这个男士说："老兄啊，你怎么不买玫瑰花给她呢？让她知道你对她保证爱情久久。"可是这个男士对我说："哪里久啊？玫瑰花今天买了，下个礼拜就丢到垃圾桶去了，我宁可买一架洗衣机给她，用得更久，可以用五年不会坏。"

所以一个期待玫瑰花，另外一个觉得送洗衣机比它更久，这就是对婚姻有错误的期待，也会造成适应上的困难。

威胁二：彼此要求的模式，百分之五十对百分之五十，彼此要求。

我们进入婚姻的时候，都带着一种世俗经营婚姻的模式。我们称之为百分之五十对百分之五十，彼此要求的模式。意思就是说我们觉得婚姻各有百分之五十的责任，所以我做我这百分之五十，那你也要做你那百分之五十。可是如果我今天发现你只做了百分之四十五，如果我还继续做百分之五十的话，我就太吃亏了。其实我发现，很多人进入婚姻还一直想着可不可以占点便宜，自己不能吃亏。

很简单的一个例子，比如说先生下班回来，他期待的是家里非常干净整洁，厨房已经有热腾腾的晚餐预备好，只要他一到家，这些东西就可以上桌，有老婆伺候他，然后孩子呢，都干干净净、很听话地站在旁边恭候父亲。可是没想到他家门一开，只看到孩子在地上爬，鼻涕眼泪满脸，不晓得妈妈跑到哪里去了。过了一会儿，妈妈才从房间里面走出来，穿的还是十几年前的那一套运动服，真的是没有什么色彩，脸上也没怎么打扮，他马上就跟办公室里面那些花枝招展的同事们一比较，这个妈妈就被比下去了，他就在心里给他太太扣分。你看这个妈妈怎么当的，孩子在哭，这个妈妈也没有打扮好好地来迎接我，再一看厨房，怎么冷清清的，晚餐都还没有开始做，所以他马上就开始给这个太太扣分。他心里想今天这个太太不及格，我看我晚上不要给她好脸色。

这个时候，太太从房间里面走出来，很期待先生下班回来，本来喜滋滋的，可是一看到先生怎么给她一副臭脸。算了，她心里想，你为什么都不来关心我一下？我一天带着孩子其实是很沮丧、很挫折的。孩子今天生病，从早哭到晚，你回来，你不但不会关心、不会拥抱一下我，你就在那边挑剔，你就在那边不高兴，嫌我晚饭还没有做，嫌家里乱，你来试试看，你要不要在家里做几天家庭主妇。这个时候太太心里也在给先生扣分。像这样的男人，想当年我自己还不是很漂亮地嫁给他的，就是因为跟他结婚，才变成今天这样的，还嫌我，还挑剔我。

所以他们就马上开始在彼此要求，这个时候太太也很生气，甚至不想煮饭，那更不要说晚上还有什么甜蜜亲密的时光，根本就算了，今天晚上处罚他，不要让他进房间来睡觉。

类似这样的一种状况，就是我们按照对方的表现来决定我要怎么样地对待他，就好像游乐场的海豚表演，海豚表演得好，就给它一条鱼。其实我们常常在婚姻里面也是这样做的。我们看到对方今天表现得还不错，好，赏你一条鱼；看你表现不错，好，给你一个微笑；看你今天好像愿意来满足我的需要，那我就对你好一点，晚上对你温柔一点。可是当我发现你表现得不如我意的时候，对不起，我就收回我对你的爱，我就保留我对你的爱，因为我绝对不愿意吃亏。

在这样的一种状况下，我们就越来越往后退了，因为我们会发现对方好像永远没有办法百分之百达到我的期望，而我们总会觉得自己已经很努力了，自己已经做得很多了。可是从对方的角度来看，他的感受跟我们可能完全一样，他也觉得他已经付出很多，而我们不感激，他也觉得我们没有办法达到他的期望。所以，最后我们看到的就是一个每况愈下的、一直倒退的，以至于最后两个人就是相行渐远的局面。

而这种百分之五十对百分之五十彼此要求的模式，让婚姻注定要最后走向彼此隔绝、彼此孤立、彼此对立的状况。

威胁三：自私破坏合一

自私就是以自我为中心。自私的人会破坏美好的关系。

在谈恋爱的时候，这种以自我为中心的本性是比较不容易显出来的。因为谈恋爱的时候一切都是很美好的，而且双方都是经过加工处理的、经过包装的。最好的西装、最好的化妆，女的喷上香奈儿五号香水，男的喷上古龙水，约会的时候觉得彼此是世界上最香的人，因为神志不清、意乱情迷。如果觉得包装不够、化妆不够，就去伪装。比如我头发常常会翘起来，不好看，不够有吸引力，不够有魅力，怎么办？戴上一顶阿诺德·施瓦辛格或者汤姆·克鲁斯的假发，马上就魅力十足，充满吸引力。

可是结了婚以后，包装要打开，化妆要洗掉，也不需要伪装，两个人就吓一跳，以为进入了一个灵异世界里面。自私在此时就会显出来，他们心里会想：奇怪，我怎么结错婚了？怎么嫁错人了？常常婚前最吸引彼此的地方，反而又会因为自私的心理，婚后变成彼此最痛恨的地方。

有一位空中小姐来请求辅导，说她先生要跟她离婚，她不知道怎么办。我说你先生当时怎么追求你的，她说，因为我是空中小姐很体面，很能摆得出去。进入婚姻以后，这个空中小姐还是做空中小姐，到处飞，倒茶给客人，先生没茶喝；对客人笑了，回到家笑不出来，先生就受不了，就要跟她离婚。其实同样一个人，同样一个职业，当初最吸引他的部分，后来觉得不合适的也是这个部分，这其实完全是人自私的本性作祟造成的。

威胁四：困难和试练

其实只要我们活在这个世界，我们就一定会遇到困难和试练。而当我们在婚姻生活里面遇到困难的时候，如果我们没有解决困难的能力，我们就容易怪罪对方。所以对困难与问题处理的方式错误也是造成婚姻破裂、关系破裂的很重要的原因。

比如说有些夫妻结了婚以后好像还相安无事，可是生了孩子以后，问题就出来了。第一个问题，这孩子怎么会生病呢？常常先生会怪太太，你这个妈妈怎么当的。很多妇女，她们很大的一个伤害和愁苦就是来自这里，孩子一出什么问题，先生就怪她。当然，如果孩子功课不好，爸爸也会怪妈妈，或者妈妈会怪爸爸，说是你的基因太烂。

这就是当我们遇到困难的时候，我们不但没有去正确地处理问题，我们还继续用怪罪对方的错误的方式去面对。

再比如说经济。家里经济状况有了一些困难，太太就容易怪先生，你这个男人，都没有办法负担家计。这就让这个先生觉得很丢脸、很没有面子，让先生觉得没有被尊重。当先生钱赚得少的时候，其实这个太太可以做的正确方式就是量入为出，接纳现在经济不景气，而不是怪罪对方不够努力、不够有企图心。

还有就是关于孩子长不胖这个问题。很多父母亲总是说我的孩子怎么这么瘦，这个妈妈不够努力，你这个饭到底是怎么喂的。

当困难来的时候，我们不但没有解决困难，反而怪罪对方，所以结果就变成加倍的压力，不但困难没有解决，两个人反而因为这个错误的解决方式，关系变得更加紧张。

我们发现，尤其现在很多年轻人，在单身的时候，自己许多的问题没有解决，解决困难的能力不够，进入婚姻后就会造成更多的困难。

比如说你掉了提款卡或者东西被偷，这个时候我们应该怎么做？我们应该马上止付或者到警察局去报案。但是很多人这个时候就开始怪别人：都是你害的，你那天如果没有约我出去，我东西就不会弄丢。

所以解决困难的能力比较弱也会造成夫妻之间的冲突。

威胁五：外遇（异性、变相的第三者）

外遇是一个很普遍的破坏合一的因素。现在社会很开放，男女互动的机会也很多，所以这种第三者的介入也很容易成为婚姻的杀手。离婚案件里面的百分之九十以上都是因为婚外情、外遇造成的。所以，外遇也是目前很多现代人需要去认识、去学习怎么样处理的问题，同时也要知道怎么避免外遇的造成，避免第三者的介入。

但是还有很多人都不容易觉察到的变相的外遇。第三者介入，大家好像会比较容易提高警惕，但对于另外一种变相的外遇却很容易被忽略。夫妻关系不好，没有什么投机的话题或者共同的活动，甚至要逃避对方，怎么办？就是进入事业里面，开创事业，开办公司或者天天加班，其实是因为要逃避回家。这就是一种变相的外遇。

另外一种变相的外遇的情况就是进入物质的世界里面，买最好的音响来享受，或者最好的媒体，或者最好的、最快速宽频的电脑进入网际网络以后就入迷了，回不了家了。这其实是在逃避与配偶之间的互动或者沟通，保持距离，以策安全。

比如有些人可能就是买最好的汽车来开。有一个年轻人贷款很多，然后买了宝马（BMW）汽车来开，太太坐在车子里面，很放松，好像坐得也很规矩，这先生居然骂她说：“你给我坐好一点，这是宝马（BMW）汽车。”这时候，太太就很头痛、很生气，说到底谁是你太太，所以很多人把宝马（BMW）变成 Be My Wife。

另外一种变相的外遇就是活动。有时候外出参加活动，每会必到，其实他是不想回家，不想去面对他的配偶。

理论篇

第二章
亲密关系之演化论

爱情如此重要，人类已经进化到每一个身体机能都参与其中，以确保和伴侣尽可能紧密地联结在一起。

——进化人类学家安娜·梅钦（Anna Machin）

一、演化论

人类会寻找特定的配偶来解决祖先在人类演化中所遇到的适应性问题，因此人类配偶偏好和配偶选择综合起来是一种原始条件下选择压力的产物。

——大卫·巴斯

在大卫·巴斯关于亲密关系配偶选择的演化论定义中，性选择是生物演化的核心原因。在改善人类的生育率方面，性选择绝对控制着人类的选择。不管什么特征、偏好、趋势，只要有助于生育成功，有助于后代存活，所有关于成功生育的偏好都会被传递下来。由此可见，人类很大程度上是性选择的产物。从性选择和解决适应性问题的角度上看，人们关于婚姻的选择不是随机的，而是战略上的。

演化论心理学家经过多年研究发现，心理机制的代际传递是有意识的，基因偏好不仅是一种心理机制，更是一种适应功能。在人们选择配偶的过程中，研究人员发现年轻且拥有干净皮肤的人有吸引力，较男性而言，女性年龄越大越没有吸引力，没人喜欢满脸长疮的人……人们会关注身高、洁白的牙齿、浓密的头发，女性更容易被比他们年长的配偶吸引，而男性更容易被比他们矮的人吸引……这些“发现”都围绕着一个词，那就是有助于生育成功的“健康”。因为“年轻”“干净的皮肤”“洁白的牙齿”“浓密的头发”以及“身高”等性吸引力因素，都是人类长期生存发展下来为了有助于成功生育而形成的“健康”标准，这些标准已经成为一种心理机制、一种基因偏好传承下来。虽然现代婚姻不再以生育为第一目的，但是作为一种人类生存的心理机制、基因偏好，适应环境的基因偏好还是影响着人们对配偶的选择。

二、父辈投资理论——演化论的次生理论

从演化论的定义中，人们清楚地知道性选择和解决适应性问题是人类发展过程中形成的寻找配偶的基因偏好，这些偏好在人们寻求亲密性关系的过程中几乎起着决定性的作用。而关于成功生育的父辈投资理论不仅可以帮助人们认识男女在生物学上对后代的投入不同，而且更加明白男女在伴侣选择心理机制上的显著差异。

根据男性的生理特点，他需要寻找可以成功完成生育的女人。而根据女性的生理特点，一般情况下，女人在一段时间只能同时孕育一到两个孩子，且怀孕时间长达九个月，加上哺乳期女

人的孕乳期前前后后会长达四年时间。由于孕乳期是女人生育期间最脆弱、最需要保护的阶段，为了养育一个健康的孩子，女人就特别需要一个能够保护孩子免受伤害的配偶，一个能帮助她照看孩子的配偶，才能安全度过这个特殊的脆弱阶段。在这种现实需要驱动下，女性就演化出寻找孕育孩子保护者的心理机制，寻找能从经济上、生理上、心理上保护母子安全的男人。

由于男人、女人在繁衍后代时所付出的生理代价不同，他们彼此就演化出不同的择偶心理机制，对配偶的偏好和对关系行为的反应也特别不同。女人会选择能解决问题的配偶，健康、强壮、有能力保护母子的男人是女人择偶的心理机制，不仅寻求孕育孩子时的保护，帮助她们解决问题，还要提醒她们选择在孩子成长过程中有能力保护孩子并为孩子投入的男人。而男人的择偶心理机制则相对简单，即寻求年轻和具有强生育能力的女人是男人选择配偶时影响最深的心理机制。

随着科技发展，人们的择偶机制会不会发生变化呢？目前来看，演化论生物学的择偶规则仍然起着非常重要的作用。虽然很多经济富足的女性难以接受她们在爱情中寻求保护和供养的观念，也就是说，即使她们现在经济独立，但她们在爱情中仍然对男性有依赖性的需求。进化人类学家安娜·梅钦（Anna Machin）解释说，有可能女权主义还未触及演化论，部分原因是其觉醒比较晚。例如，女性在 20 世纪 70 年代才可以自由选择避孕，这在演化的长河里根本不算什么。像择偶这样由来已久的事情，只有当其在人类物种中普遍存在时，人类行为才会发生改变。更何况很多国家择偶还并不自由和平等，所以也就不会触及演化。

三、男女性忠诚度和情感忠诚度选择

既然男女性选择的心理机制不同，那么男女在性忠诚度和情感忠诚度上有没有差异呢？演化论的研究人员做了相关的实验，他们让被测人员选择下列 A、B 两种情况哪种情况你最不能原谅。

A：你的配偶情感上忠于你，但是性不忠诚。

B：你的配偶性忠诚于你，但是情感上和别人有联系、有好感。

研究人员发现，在“性不忠诚”和“情感不忠诚”的严重性认识上，男性认为性不忠诚最糟糕，女性则认为情感不忠诚最糟糕。大多数男性能容忍 B 的情况发生，却无法容忍 A 的情况发生。而女性恰恰相反，大多数女性能容忍 A 的情况存在，却无法容忍 B 的情况存在。当然，也有少数人坚持认为二者都不能原谅。

从演化论生物学的择偶机制可以看出，男性非常在意自己的基因能否得以传递，大多不愿用自己的资源抚养别人的孩子，因而把性忠诚看得很重要。所以，男性会认为性不忠诚最糟糕，较出轨本身而言，男性认为基因能否得以传递、财产资源损失受到的伤害比情感上受到欺骗的伤害更大，男性大多不会原谅出轨的女人。而女性（包括孩子）需要保护，会原谅出轨的丈夫，出轨和资源所带来的安全感比较起来女性更在意后者。所以，女性会认为情感不忠诚最糟糕，较出轨本身而言，女性情感上受到的伤害会比财产、资源损失上受到的伤害更大，但是女性会考虑到孩子的需要或者现实中自己的需要进行妥协，大多数情况下她们还是会选择原谅出轨的丈夫。日本研究两性关系的渡边淳一曾说过，男人出轨还有回头路，女人出轨则意味着动了真情，很大程度上就是一条不归路。

四、择偶过程中的“健康”选择——“臭T恤”研究实验

1995 年，瑞士伯尔尼大学的克劳斯·维德坎博士做了著名的“汗味儿T恤衫”实验，也称为“臭T恤”实验。维德坎博士先要求四十四位男同学把T恤衫连穿两天，让体液和汗液都留在衣服上面，然后，再让四十九名女同学去闻这些T恤衫，并从中选出自己喜欢的气味。结果，女生普遍认为与自己免疫系统（HLA 人类白细胞抗原）不同的人的T恤衫好闻，与自己免疫系统相近的人的T恤衫不好闻。实验后，维德坎博士发表论文说，“女性在选择恋爱对象的时候，最初的标准是通过嗅觉去分辨对方的免疫系统”。

维德坎博士的观点一经提出，就在全世界掀起了一阵T恤衫实验的热潮。可是，实验的结果却有很大差异。1997 年，亚利桑那大学的研究人员对南美洲印第安地区十一个民族的一百九十四对夫妇的调查结果显示，HLA（免疫遗传学、免疫生物学和生物化学等学科的一个重要新兴研究领域）对于恋爱对象的选择几乎没有影响。另外，日本也进行过相关的实验，同样也没有得出明确的结果。

但美国芝加哥大学精神生物学研究所的创始人马萨·麦克林博士和她的同事卡罗尔·奥伯博士对哈特派的四百一十一对夫妻进行了T恤衫实验，实验发现女性会避开与自己 HLA 类型完全

不同的人以及非常相似的人，选择更有利于后代生育的配偶。

虽然这个实验没有得到严谨、统一的结论，但是在维坎德博士的实验和马萨·麦克林博士及其同事的实验中人们还是可以发现，女性是能通过气味闻出“健康”的男生的。因为气味是基因健康的标志之一，与身体对称相关。女性能够闻出基因上与之合适的人，特别是在排卵期的时候性敏感度最高（不同时期，女性对气味的敏感度不同），女性更加重视和她性交的男人，更容易找出健康、身体对称的男人。因此，虽然人们现在可能不那么重视生育能力，但是基因偏好不会改变，不管男人和女人，都有对健康的偏好。

五、性选择中的性和性亲密

在演化论生物学的择偶规则中，人们已经知道性选择在男女的择偶过程中起着决定性的作用。而随着时代发展，人们逐渐把性偏好分离出生理上的性需要和心理上的性亲密两个概念来。这里可以借用马斯洛需要层次论看看二者的差异和联系。

从马斯洛的需要层次论（如图 2 - 1 所示）可以看出，生理上的性需要属于最初级的需求阶段，是男女成熟后最本能的生理需要。而性亲密则属于第三层爱和归宿需要的中级阶段，是一种心理上的情感需要。从图中可以清楚看到，性和性亲密之间横跨着安全需要，也就是说，要从性行为发展成性亲密行为，双方必须要学会满足双方的安全需要，彼此建立相对的安全感，否则很难完成从性到性亲密的心理过程。

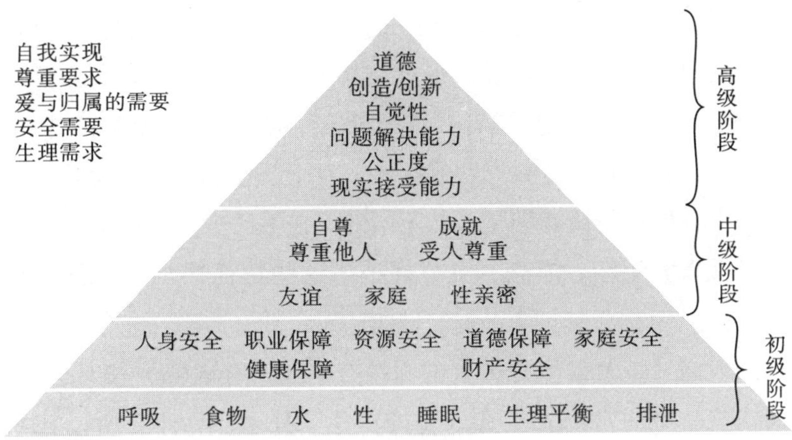

图 2-1 马斯洛需要层次图

六、父辈投资理论

1. 从经济学角度看男女择偶差异

北大薛兆丰老师在讲相互依赖的经济关系时，特别提到经济学家解释了一个现象，就是：为什么从古至今女人们往往愿意嫁给年纪比自己大的男人？众所周知，女性的平均寿命比男性长，如果她们找一位年纪比自己大的男人结婚，就相当于延长了她们将来守寡的时间，但她们还是这么做。为什么？

答案一：大部分女性寻找配偶，根本目的之一是找到一个稳定的生活环境以降低养育后代的风险，男性需要提供稳定的资源以保证母子安全。男性的既有资源、情绪稳定性和解决问题的生活能力是婚恋关系中的关键性指标，这些指标往往要经过一段时间的积累才能有所展现，结果就是达标的男性一般都比女性年龄大。其实这就是女性重资源保护、男性重年轻貌美（生育能力）心理机制的典型表现。

答案二：薛兆丰老师提到一位名字叫劳埃德·科恩（Lloyd Cohen）的法律经济学家，写过一篇挺有意思的文章，题目叫《结婚、离婚和准租》或者《我把最美好的年华给了他》。

在这篇文章里，科恩明确指出，对于繁育后代这个命题，男性跟女性的价值高峰期是截然不同的。在生活中，人们常常怎么称赞女人？年轻、漂亮、身材好……这些特征都跟生育紧密相关，而生育发生在女性人生的早期。

人们又是怎么称赞男人的呢？有事业、有成就、有安全感，而这些品质通常都发生在人生的中年，甚至中老年。所以在高中、大学期间，女性的生育价值已经彰显出来的时候，男性的资源价值还远远没有彰显。如果一位女生在大学期间就跟同班同年龄的男生谈恋爱结婚，那会发生什么事情呢？这位女生就会先对家庭做出各种投入，先养育孩子，先照顾家庭，先扶持丈夫。

随着时间的推移，那位丈夫就会逐渐积累他的人力资本，走上事业的高峰，那时他就有更多的选择机会，而女生生理上的价值则逐渐下降，这时男生就会增加背叛女生的概率。所以再来看《我把最美好的年华给了他》这类文章，下半句通常会是什么？"他竟然跟着一个年轻的女人跑了"。这种情况正在谈恋爱的女生知道吗？她们知道。即使她们不知道，她们的父母都知道（如果父母和她们自己都不知道就没有办法了），她们的父母都会要求自己的女儿要小心，要好好挑选对象。如果女生找一位年纪比自己大、个人资源价值已经比较清楚彰显出来的男生，那么这段婚姻的不确定性就比较小，婚姻关系就会比较牢固。这就是为什么大多数的女生会嫁给年纪比自己大一点的男生，而当第二次婚姻的时候——如果有的话——男生会娶比自己年纪小更多的女生的缘故。

当然“我把最美好的年华给了他，他竟然跟着一个年轻的女人跑了”这类文章所谈的只是问题的一个侧面，今天随着科技的进步、女性受教育机会的增加，现代女性的价值早就不单靠生育价值来展现了，教育、修养、见识都是男人和女人越来越重要的品质（资源）了。不过香港 2016 年在《21 世纪国际育儿会议》（*ICP*21 *International Conference on Parenting in* 21*st* *Century*）上分享的研究发现，香港女性已经把婚育年龄提升到三十五岁来降低生育过程中的风险，可见男女心理择偶机制对人们的婚姻生活影响之大。这一点特别需要引起大家重视和关注。

从父辈投资理论经济学的角度人们可以看到，在女性重资源、男性重生育（年轻）的基因偏好中，要完成性和性亲密的完美实现是很难的。日本渡边淳一的《男人这个东西》《女人这个东西》两本书明确指出，男人和女人在性需求上和性体验上存在很大的差异，男人和女人都是立于对方和自己是同类这一基石来互相审视的。换句话说，男人和女人都觉得对方和自己是同类，都是人类，所以只需要站在自己的立场来考虑问题就行了。可以说，这就是产生差谬的根本原因，也是男人和女人互相无法理解，甚至互相厌嫌的最大原因。

综上所述，性选择机制是人们解决适应性问题具有战略意义的策略，不是随机的、偶然的，而是生存意义上的选择，不过它还是会随着观念、科技、经济发展水平的不断变化而发生变化。

2. 从文化风俗角度看男女性约束

在社会发展过程中，由于男女不同的基因偏好，人们逐渐演化出针对女性的不同的性约束方式，其中最值得思考的就是西方的高跟鞋和中国特有的“三寸金莲”。在现代社会，女人为什么越来越自由？男人守规矩的责任为什么越来越大？相对而言，把所有的男人管住，这不容易，因为在男权社会基本上是男人主外；但是把一个女人管住，这就容易多了，因为在男权社会女人基本主内。在很长的历史阶段，在很多国家，今天人们还能看到历史遗留的痕迹，那就是，为了保证血统的纯洁性，大多数时候人们是管束女人，而不是管束男人。把女人管住，女人不能随便上街，不能随便抛头露面，不能随便跟男人嘻嘻哈哈、说说笑笑……这是过去很长时间里的、普遍存在的道德规范。为什么会有这样的道德规范？因为管女人比较容易，成本比较低，所以责任就落到女人身上。当然今天情况已经大为改变了，改变的原因不是因为人们的观念发生了改变，而是因为技术发生了改变。避孕技术不仅非常成熟，而且非常普及，男女在一块儿，已经不像火星和亚麻在一块儿那样那么危险、那么麻烦。而同时，由于世界和平、技术进步，社会上可得的不拼体力、依靠智力的工作越来越多，女人的各种天赋越来越有用武之地，禁锢女人的成本变得越来越高，所以这时候女人出来了，抛头露面，出来工作，在某些领域女性升职的机会甚至比男性还大。这时候，检点、守规矩这些责任就越来越多地落到了男人身上。

从这里也可以看到，风俗、观念的发展变化会随着科学技术、经济的发展变化而变化。

3. 从社会学角度看男女性规范

从社会学的角度来看，婚姻是伦理观念很重的社会生活方式，对于“性”“性爱”有着自己严格的社会伦理规范和法律规范的双重约束。孙隆基在《中国文化的深层结构》中指出，中国人的“身”是由人伦与社群的“心”去制约的，因此“个体”并不是自己“身体”的真正主人。这种安排的确会导致严重的“非性化”倾向。所谓“非性化”，并不是没有性行为的意思，而是指性爱必须为社会认可之目的（安身立命、制造人口）服务，而不是作为“个体”人生旅程中自我调配的因素。因此，导致了这样一种情形——无论在身体上、外观上都尽量搞到自己没有性吸引力。

不仅如此，中国人在“性”方面，永远是讳莫如深的，总是让成长中的下一代保持无知的惶恐状态。将成人当作是“性”还没有萌芽的儿童，自然也会对他们搞男女关系大惊小怪。中国人的上一代，在考虑到青少年结交异性朋友时，总是持“他们还小”的错误态度。

的确，中国文化是用“万恶淫为首”的态度来保持社群之和合性的，同样地，“非性化”措施也被用来维持代间的和合。因为，让一个“人”完全盛开，这个人就会变成一个独立的个体，并会与上一代断裂，而且，在“自我”形成的过程中也必定会不断与上一代发生冲突。弗洛伊德所谓的“弑父娶母”心理纠结，就是一个在心理方面“性”也完全萌芽的个体对待上一代的态度。作为权威化身的父亲，自然会成为具有“性”的冲突性的成人反叛的对象。针对母亲这一方来说，如果一个成人不让自己保留口腔期阶段的态度，而让母亲常用食物来填塞自己的话，也会容易倾向于从“性”的角度去对待她。当然，弗洛伊德所谓的“慈母”，只是一个比喻，当“性”在心理上从一个人的身上萌芽后，母亲就很容易变成“不亲”的对象。

正是在这个尊敬父母为“老”、对待子女为“幼”的“老年化”与“儿童化”两相夹攻之下，中国人的青春阶段就被整个地铲除掉。没有了青春阶段的人生，自然与“非性化”倾向有着直接的关联。因此，即使由外部人伦关系堆砌而成的“成熟”，也不一定能完全抵消这种“非性化”对人造成的影响。的确，如果中国人的婚姻功能是为了保持“身体化”的延续，为了“安身”，以及为了“养儿防老”，与男欢女爱就并不一定有必然的关联。以至于一些中国年轻人无法完成“求爱”过程，只能靠亲朋好友介绍，也就是相亲来完成。因为性爱的完成还牵涉到另外一方。自己这一方从发射吸引力、追求、应对、培养情调、说服对方……都牵涉到一连串复杂的过程——这个过程必须有充足的进攻性去推动，用充分的自信与意志去组织，而且，没有人可以代劳，必须由自己去面对。反之，中国人将父母“神话化”的措施，则是永远地用他们过分膨胀的形象来渺小化自己，令自己保持永恒的儿童形象。因为这样，避免了“弑父娶母”的危机。在接受父母对自己精神“阉割”的情形下，中国的男性可以一生以孩童的姿态与母亲接近，而女儿也可以对父亲如此，而不致引起“乱伦”的焦虑。

在日本文化里，渡边淳一在《女人这个东西》里指出男人为什么会爱上歇斯底里的女人。他说，男人是好色，同时又是喜欢做表面文章的动物，一面说真麻烦、真是不可理喻，一面却喜欢歇斯底里的女人那种毫无保留展现自我的率直。与歇斯底里的女人交往、相爱，男人可以更清楚地感觉到自己身上的男性魅力及其带来的优越感。在社会体制这个大环境中，越是充满理性、具有自制能力的男人，就越容易被随性而动的歇斯底里的女人吸引，进而喜欢上她，因为从她身上，男人看到了那种他所向往的酣畅淋漓宣泄情感的情形，而那恰恰是他自己做不到的。所以，仅仅从性的角度出发，轻度歇斯底里性格的女人无疑是理性而自律的男人心目中的理想女人。

同时，渡边淳一还指出，结婚数年之后，当妻子的性快感远远超过丈夫的时候，填补落差的依然只有精神上的爱，不过此时是丈夫对妻子的爱。因此，我们可以得知性是自我本能需要，一种爱的欲望，而性亲密是一种责任和承诺，更是一种信任和深深的相互依恋，要想以高涨的精神之爱来弥补肉体之爱谈何容易。就性爱而言，男人和女人是如云泥之隔的两类人，一定要意识到二者的差异性和特殊性。

附 1

《性与爱的抉择》之科学密码

主持人：观众朋友，大家好！欢迎收看这期的《科技无限》。

这期节目播出的时间正好是今年的情人节。正在热恋当中的小情侣和结婚已经多年的老夫老妻们要睁大眼睛特别要看这期的特别节目了。为什么呢？

这期告诉你的，正是爱情的魔力和男女之间如何相互吸引的有关知识。美国和英国的心理学家都曾经做过一个实验，他们请一位非常漂亮的美人儿和一位浑身散发着雄狮般的气息的美男子携带小型偷拍和录音设备分头到大学校园里找一些目标。两位模特专找单身异性装作一见倾心的样子，先表白爱慕之情，然后单刀直入请他们跟自己上床。结果呢，美男子是屡屡受挫。大部分女生认为这臭小子肯定是神经有毛病，只有少数女生答应可以考虑一下，成功率仅占百分之六。而那位美女呢，显然是很受欢迎啊。飞来艳遇让男生们难以掩饰兴奋的表情。美女直截了当的性邀请马上就被欣然接受，百分之八十以上的男生打算立即和这位陌生的女郎走到一块儿。

这个实验跟科学界一项长期研究的结论是相吻合的。那就是，男人其实是渴望拥有很多性伴侣的，男人追求数量；女人呢，则追求质量，这方面没有人种、地域之分。而动物界性学家认为贪淫好色原是人的本性，但男女为什么会在陌生的性邀请方面有这么大的差距呢？在茫茫的人海中究竟是什么力量把男人和女人配成一对儿？可能很多人不假思索地就说这是爱情。

但爱情又是什么呢？科学界的解释是，它是一系列化学物质的组合，能使人热血沸腾，因而得到了幸福、陶醉；也能够使人万念俱灰，以自杀、殉情来摆脱得不到的烦恼。在 2012 情人节到来之前，让我们一起来揭开性、欲望以及爱情的真相。

当男人遇到女人，女人遇到男人，彼此都觉得对方很正点，其他的事就自然而然地发生了。这种择偶的方式跟人类本身一样古老。

科学发展到今天，人们终于可以携带摄影机进入卧室不带情色地观察欲望、爱情、婚姻关系引发的化学作用。这种探索早就在欧美展开。究竟爱人靠什么吸引我们，而我们又是靠什么来吸引他们？生物界有一种说法叫“天择”，其实就是适者生存的残酷战斗。动物们竞争是为了抢夺食物，或者争夺配偶，优胜者得到的奖赏是：活下来，并把自己的基因传给下一代。

但科学发现，生育与繁衍当然不是靠争夺就能成功的。彼此吸引，自愿结合，也就是要经过性的选择。正是性的选择促成了外观和动物行为的发展，使雄性和雌性泾渭分明，并周而复始地不断循环下去。

作为高级动物的人类，在寻找配偶方面更为复杂。人类学家海伦·费雪研究发现，当男人遇到中意的女人会有三种需求：欲望、赤裸裸的性需求和浪漫的爱情。

性欲促使你向外寻求一些伴侣。浪漫的爱情促使你将交配的精力一次只专注在一个人身上，依恋则使你容忍这个对象至少到生养一个孩子为止。

人人都渴望跟心上人如胶似漆、耳鬓厮磨，但究竟是什么原因让我们从青春期萌动时就开始渴望异性？费雪对人的大脑进行了革命性的研究，她想找到引起性欲的原因。她在美国纽约的石溪大学校园里公开召集恋爱中的学生，用功能性磁影仪扫描学生的脑部。这台仪器可以显示出脑部血流不断变化的情况，活跃的脑细胞会非常明显，因为他们需要更多的血。

费雪：十五年前，我们无法用这种方式研究爱情，现在就可以了。我们可以研究脑部，看哪个区域会变得活跃，并真正了解人深陷爱河时都会经历到的脑部变化。

这项实验很有意思，让被实验者凝视一张难以引起兴趣的中性照片，研究小组记录下他的脑部血流图。接着他们再把图片换成被实验者的情人的照片，再测量血流量。结果发现，男人跟女人的反应不一样。男人很明显受到了视觉的刺激，而女人们对性格更感兴趣。

费雪：在男性实验对象中，我们发现比较活跃的脑部区域跟视觉刺激的整合有关。在女性实验对象中，我们发现比较活跃的脑部区域跟记忆回想有关。

当然，世人皆知的一点是如果联系到性，男人更喜欢视觉刺激，脱衣舞娘这种古老的行当就很能刺激男人的性欲望。

费雪：女人也喜欢看，但是男人更喜欢看。我认为其中有非常强烈的达尔文理论。

为了让大家更清楚地看到视觉刺激所产生的效果，我们请一位年轻的女性研究员到伦敦街头进行一项简单的心理测验。她的任务是拦住每一位男性行人，让他们回答同一个问题：这是四幅女人像，哪个身材最惹火？哪一位女性最性感？四幅画像只有腰围和臀围的曲线不一样，就是这些微弱的差别决定了一个女人最原始的性吸引力。在研究领域，这叫腰臀比。在调查中，A 得了两票，腰部粗壮的 B 一票也没得，C 得了十五票，D 得了五票。

这个结果看似简单，却跟人类学家的结论是相吻合的，大部分男人喜欢的是 C 小姐这种类型的女人。一个女人的腰围如果恰好是臀围的十分之七，那她就拥有完美的腰臀比例。这个比例很微妙，不仅使女人的身材看起来对异性更具诱惑力，而且代表更容易怀孕，并且还不容易流产。性感的小蛮腰，浑圆高翘的臀部，迷人饱满的嘴唇，轮廓立体的脸蛋以及丰满的胸部，这些都是由性荷尔蒙所控制的。

新墨西哥大学的生物学家兰迪·索恩希尔研究身体怎么去展现性的吸引力。

兰迪：人的脸蛋和身材展现出对称与荷尔蒙作用的信号，包括男体的睾固酮和女体的动情素。

女人的胸部、脸颊上和嘴唇上的脂肪大体上是由性荷尔蒙动情素所造成的。卵巢分泌出的动情素不仅会影响月经周期，也会在青春期影响到女性副性征的发育，包括她的脸型和身材。

兰迪：动情素是女性品质的指针，这也包含她生殖能力的指标。所以女人能否成功怀孕跟动情素有密切的关系。

科学家推论，那些对男人具有致命吸引力的女人，比如性感女神玛丽莲·梦露和当下刚刚曝光的《花花公子》签约模特科比情妇布尔西亚的火辣撩人，实际上显示出了这些被称为“性感尤物”的女人们体内含有大量的荷尔蒙。

马克·曼尼是比佛利山的整形科医生。他的客户百分之九十以上都是女性。

马克：大部分来找我的病人基本上都希望在性选择过程中更占优势。通常女人想要动手术使她们看起来更年轻，这又是因为在性选择过程中年轻比较有吸引力。所以，看起来比较年轻的女性对男人来说，当然比较有吸引力。

主持人：不仅女人会显现她的荷尔蒙指标，男人也是如此。当男孩进入青春期，睾丸分泌出的睾固酮会促进男性特征的发育，比如突出的颧骨、强壮的下巴和宽阔的肩膀。这些特征代表着男人的生殖能力和健康。对于许多物种包括人类而言，有一点很有意思，雄性的特征越明显，他的生育能力就越强，越是能够吸引到异性。科学还发现，随着年龄的增长，女性的动情素的数量一直是在减少的，而男人的生物本能却是找到生育力最强的女人。这种本能就决定了年轻、性感的外表更能够吸引男人。但整形科技发展到今天，把女人们都改造成“玛丽莲·梦露”，把男人们都改造成“布拉德·皮特”，以假乱真，又会怎么样呢？

如果大家都这样，那么真正的性感将会像很多正在消失的河流一样慢慢地干枯掉。

爱情、欲望、性需要的真相是什么？茫茫人海，怎么才能找出最完美的情人？迷人的腰臀比能点燃男人的欲火，那么什么样的男人才能成为女人们的“亚当”呢？《科技无限》正携带摄影机进入卧房，揭秘几百万年来人类的原始需求。

科学证实，靠整容改变不了基因遗传，外观不美的人生育出的后代同样缺乏性的吸引力。

主持人：刚才我们也说过了，经实验，男人更容易找到视觉刺激，而女性对男人的性格更感兴趣。在人类社会中，女人比男人更会寻求其他的有利条件，比如说可靠、忠诚、和善等等这些特质。这代表他能够成为一个好丈夫和一个孩子们的好父亲。但这些跟性荷尔蒙无关的特质恰恰最容易让女人们看走了眼。

女人们对自己选的男人看走眼，几百万年来一直存在。即便在流行同居与试婚的现代社会，不少人仍为当初的选择而感到后悔。那么在踏入“围城”之前，女人们究竟是靠什么判断未来的伴侣的呢？

在扫描女生的脑部时，美国人类学家海伦·费雪有一个重要发现：恋爱中的女人有更多的血液流经脑部的海马区，这个区域跟记忆的过程有关。费雪判断，女人们会建立一份男人行为的记忆地图，以便分析出他们能否成为合格的伴侣和孩子们的好爸爸。

费雪：她必须记住，上次情人节他做了什么，上次圣诞节他承诺了什么，去年夏天他没做到什么，她必须记住才能知道他能不能当好丈夫和好父亲。

记住男人的表现对女人很重要。

费雪：事实上，女人随时都在做这件事。我们打电话跟其他女人聊天，不断数落他做了什么、没做什么。我们所做的就是创造一个记忆的轨迹，要跟我们一起传讯 DNA，这个人是适当的人选吗？

女人选择靠得住的男人共同养育子女在进化上有充分的理由。如果能选择到有钱、有势、有地位的男人做老公就更好了。那些有社会地位的人，在择偶过程中非常重要，被视为有能力为家人及后代提供优质的生活，甚至有助于子孙成功。所以全世界的女人们都把男人的地位作为择偶的一个重要因素。

另一个择偶必备的条件是，男人必须健康。科学发现，拥有健康的基因和免疫系统，能通过DNA遗传给子女，保护他们不生病或少生病。但怎么才能判断出要想结婚的对象是不是具备健康的免疫系统呢？不用靠仪器检测，科学家的建议是直接用鼻子就能闻出来。

主持人：女人们只要用鼻子闻一闻就能判断一个男人的免疫系统能不能跟自己生出健康的宝宝。这事儿有点意思，秘密就藏在男人的汗腺里，它含有荷尔蒙，经汗水流淌出来之后散发在空气中。所以科学家建议未婚的女性可以让男朋友们去做一些发热流汗的运动，比如打篮球、踢足球、跑步、登山这些大运动量的活动，然后去闻他的味道。如果不喜欢，那么这个男人就难以对她产生性吸引力。假如很喜欢，这个男人对她来说就是很性感的，并且能够引起欲望。但就是这个爱与不爱、喜欢与不喜欢，在科学上有一个研究的结果。科学家们发现，不管是男人还是女人，都偏爱体味跟自己不同的人。这有个巧合，恰恰气味不同的一对男女结合，免疫系统中很重要的一个基因“主要组织兼容复体”是不同的。如果两个人结合生出了后代，他们的孩子身上就带着这种基因上的多样性，免疫力就会更强，更能够对抗不断变异的各种病毒。

生物学家兰迪·索恩希尔对大学女生的实验也证实了这一点。女生们轮流用鼻子闻每位男生穿过的衣服，选出来最喜欢的那个味道，它的主人就最有可能跟自己生出健康的孩子。还有一点也很奇怪，人的鼻子不但能闻出不同的基因，那些味道讨女人喜欢的男人，五官也会长得比较对称，就是中国人常说的相貌端正。

兰迪：长相比较对称的男人，体味也比较讨好女人，尤其在月经周期中正处于可受孕阶段的女人。

五官的对称性能吸引异性，早在 1990 年就有报道。为了让大家亲眼看看男人和女人的反应，兰迪找来一些学生再现了这项实验。

兰迪：我要请你们为一些男人的面孔打分数，十分最有吸引力，一分最没吸引力。

实验结果跟过去的完全一样，大家公认为最有吸引力的脸始终都是那些五官最对称的面孔。但非常诡异的是，假如有一张脸完全对称结果反倒不吸引人，因为他显得刻板了。科学家揭示，完美的对称不光是好看、漂亮，免疫系统也会较一般人更强。

兰迪：对称是优质的可靠信号，因为对称是很难达成的。对称显示出这个人具有发展出完美双向对称的特质。

早在 2004 年，科学界就发现了作为未来伴侣，人脸可以透露出免疫系统的状况。那么究竟是什么导致免疫系统好的人五官长得对称，免疫系统不好的人，五官不对称呢？这个问题目前还没有答案，科学家正在研究。

兰迪：过去几百万年的演化过程已经在我们脑中灌输了评估别人健康状况的心理机制，我们把它解释为别人的吸引力，这吸引力对应了健康指标，例如对称性、清洁的皮肤。

还有一个令人吃惊的发现，英国利物浦大学曾经做过一个实验，生物学家在女人们排卵期的前、中、后期，测量她们的手和耳朵，结果发现在排卵前的二十四小时，女人的手和耳朵的形状会由原先的不大对称变得比较对称，这又是怎么回事呢？科学家也搞不清楚，总之一切的源头都指向神秘的性吸引力。

对于大多数人来说，最关心的问题莫过于如何才能让喜欢的异性无可救药地爱上自己。科学揭秘确实有办法可以做到。人类学家认为，性伴侣和能结为夫妻的人选其实多得要命，但人为什么会爱上别人，又为什么愿意结为夫妻呢？其实是体内分泌出的大量化学物质在操纵着性欲、爱情和夫妻关系。欲望是由睾固酮这种荷尔蒙所驱使的。睾固酮被称为天然的壮阳剂，男人的在睾丸里制造，女人的在卵巢里制造。睾固酮通过血液到达脑部刺激性需求，驱使着人朝着发生性关系迈出试探性的一步，寻求他们的第一次。

虽然睾固酮能燃起性兴奋，但性欲其实很容易受到其他情绪的影响。社会学家亚特·艾隆经过长期研究发现了恐惧和焦虑感可以提高性的吸引力。

亚特：当最初的强烈吸引力产生时，你会在生理上感受到强烈的兴奋。你的心跳加速，仿佛正在奔跑或发生了什么强烈刺激的事。

性兴奋跟恐惧引起的反应很像，因此恐惧和焦虑被认为能够提升人的性吸引力。艾隆做了个实验来证明这一点。他请一位风姿绰约的女性研究员站在一座高高的吊桥中间请每一位路过的男人做一个简单的问卷调查。临走前，她都会把自己的电话号码留给这位男士。为了凸显恐惧能带来性的吸引力，使这个女人显得更有魅力，第二个实验换了个地方进行，在一座矮墩墩的石桥上，这位女研究员把在吊桥上的调查又进行了一遍，也是在最后告别前分别给了男士们她的电话号码。第二天，她坐在办公室里等待，结果在摇摇晃晃的吊桥上遇到的男人打来电话的人数是在矮桥上的四倍。恐惧使这位长相不算迷人的女人变得深具吸引力。所以科学家的建议是第一次约会不妨选在很恐怖的地方。

演化心理学家杰弗里·米勒专门研究人类的性选择是怎么影响智商的。

米勒：性选择有一点很有趣，这是个非常有力的演化过程，但并非盲目、愚蠢的天择。促成这项选择的是我们的喜好和乐趣，我们在其他人心理和身体上所发现的吸引人之处。

研究发现，早在十万年前人类就开始选择比较聪明的伴侣，结果一代一代繁衍下来，人变得越来越聪明了。

米勒：我们长头脑是为了吸引其他的头脑成为伴侣。

在鸟类中，孔雀之所以能够长出如此斑斓漂亮的大尾巴代表着它具有最优秀的基因。而人类不断地选择聪明的配偶做伴侣，结果是形成了相当复杂的头脑和智慧。

米勒：脑是一种代价高昂、炫耀、浪费的器官，从这角度来看它就像奢侈品。通常我们用脑来处理一些跟生存没有直接关联的事。我们交谈，我们设法追求地位，我们想要让人佩服。

主持人：米勒的意思是人类的智慧和创造力就是我们性选择的长期历史所结出的一个果实。人类具备创意和想象力，能够创造出丰富多元的语言、音乐、文化和历史。这首先要感谢我们的祖先，是他们选择了聪明、健康和富有吸引力的伴侣。正是有了优良的基因组合，人类才会变得如此聪明。但只有聪明是不够的，在性选择方面，生物学家认为有创意的人是很能够吸引到异性的。为什么漂亮女人们还会疯狂地爱上一个白发苍苍的老头子呢？现代生物学家研究后认为是因为创意。有创意的人比普通人更具有性的吸引力。

风流多才的艺术家们只是社会的“另类”。对于普通大众，演化心理学家米勒认为赢得性伴侣的首要条件是聪明和善良。

米勒：在所有的文化中最令人渴望的前两项特质，就是聪明和善良。其实善良甚至比聪明略占上风。

善良的人富有吸引力，不但可以成为好伴侣，而且很可能会是个关爱子女的好父母。人类应该选出一个具有好品德的人做伴侣。在科学上这依然代表着选出优秀的基因。

米勒：遵守道德的代价很高，很困难。几乎任何伤害身体或脑的状况，像突变、脑受损、脑伤都会使人变得更自私、更不善良。

善良这种特质很难假装出来。

米勒：要让身体看起来漂亮很容易。现在四十岁看上去可以像二十岁的女孩一样年轻健康。在某种程度上，我们很难想象聪明和善良会像性感一样吸引我们。我们评估未来伴侣的方法真的很神奇。我们自然会专注在那些无法假装的指标上，比如说聪明和善良。

据说人在陷入热恋时眼睛会发亮，声线会变化，大脑里的某些部位会被激活。但人类是怎么把性吸引力演变成爱情的？为什么我们会觉得某个人很讨厌，而某些人很正点呢？为什么当一个人深爱上另一个人的时候，他的热情和注意力会全部倾注在这个人身上呢？

费雪：爱情向来专属于诗人、歌曲创作者和小说家，但不久之前我才明白爱情是世间最强烈的感受之一。

主持人：浪漫的爱情令人陶醉，它不是一个虚幻的概念，在科学上是可以测量得到的。一项对于“爱情的神经成像”的研究表明，人一旦陷入爱情之中能引起和服用可卡因相同的精神愉悦感，还会影响到大脑的智力区域。陷入爱河的时间最快只需要五分之一秒。而传统的观点就认为，人类爱情和性渴望在感情关系确立初期达到极致，而后日益淡漠。情侣间的如胶似漆、意乱情迷的浪漫状态在双方相处十五个月后就开始淡化了，十年后就会消失殆尽。但即便这样，它仍是人类最强烈火热的感情之一，被世代歌颂，生命中不可缺少，而且不可抗拒。

费雪：你觉得很兴奋、很愉快、心情摇摆不定，你很依赖那个人，你的注意力都放在他身上，你非常想要得到他，你渴望这个人，你忍不住一直想着他。

费雪和艾隆研究的项目是：这种浪漫爱情的感受跟性欲挑起的感受，究竟有何不同？他们能否找出标准答案？什么人能长相厮守，什么人注定会出轨？

主持人：科学家们找来一些大学生，这些人正处于热恋之中。扫描他们的脑部发现人在恋爱的时候会启动一个叫作尾核的脑部区域，跟吸毒者的脑部反应非常相像，开心、亢奋，并且能够上瘾。相关的脑部区域有含量极高的多巴胺荷尔蒙受体。多巴胺是一种神经传导物质，它的作用是控制细部动作、协调行动力、身体能量、短暂的记忆和性欲之类的感受。多巴胺是体内最主要的“感受欢愉”的化学物质。大量的多巴胺会导致注意力非常地集中、行动力十分地坚定。这正是浪漫爱情的特征。

艾隆：这就是我们所谓的奖赏回应，一种多巴胺的回应。人类对于非常强烈的奖赏似乎很想得到一种特定的回应。其中一个最好的例子就是，爱上别人并获得对方的爱。

大量的多巴胺说明了为什么陷入爱河的男女如此依赖他们的关系，为什么他们又是如此渴望跟情人一天到晚黏在一起。

费雪：脑部的系统被活化后使你能够拥有非常多的精力将注

意力放在某个人身上，非常想得到他的爱，而且在一起的时间够长，至少可以生一个孩子。

浪漫的爱情，从科学角度讲是来自演化上的成就。情侣们想多跟对方做爱以达到情与欲的完美结合。弥漫在爱人们大脑中的化学物质是如此强烈，有时会让人失去理智，做出疯狂的事情。

费雪：爱情会使人做出疯狂有时甚至是危险的事。爱情比性的需求更强。追求浪漫的爱情是人类的本能。世界各地的人都为爱而生，为爱而死，为爱歌颂，为爱舞蹈，为谈恋爱而快乐。

但费雪发现，光靠多巴胺引发的浪漫爱情并不能让人长相厮守。

费雪：浪漫的爱情很费体力，你们整晚散步、聊天到天亮，你跟对方做爱到中午。人类这种动物很不适合持续消耗高度的能量。

人类这个物种之所以能够繁衍，要看男人和女人生活在一起能够长久得足以养育孩子。自然的力量是非常神奇的。为了使人类能够传宗接代，我们的身体会供应大脑更多的性荷尔蒙。大量的化学物质保障人类在爱火熄灭之后，仍然能够长相厮守。但人类世界真实的情况是，从古至今，总有人会公开或隐秘地拥有多个性伴侣。难道人这种复杂的生物注定难守忠贞吗？但问题是，为什么有些人就能做到从一而终、死而无憾呢？

科学家深入研究这个问题。结果发现，97%的哺乳动物都不是一夫一妻制。而现代人因为交通通信之便利，面临的选择更多，怎么还能坚持只对一个人专情呢？但美国心理学家冈萨卡经过多年的研究显示，真爱确实可以使一对男女以一夫一妻的关系白头到老。

冈萨卡：我认为演化已经赋予我们从一而终的能力，但情况很复杂，因为这不只牵涉到我们是专情还是风流的物种。我们的物种有能力做到这两者，因为我们会根据我们所处的环境采取行动。

冈萨卡曾经主持过一个开创性的科学研究，计划找到人类为什么宁可留在普普通通的伴侣身边，也不会轻易跟着有魅力的人跑掉的原因。

冈萨卡：我们想直接测试爱情，而不是其他的状态，比如欲望。爱情是否帮助你不把有魅力的其他人放在心上？

主持人：冈萨卡请来做试验的对象依然是一群年轻人，测验很简单却深具意义。他请每一位参加测验的人自选一张感觉最富有吸引力的陌生人的照片，然后坐下来写一段话，同时很放荡地想着跟伴侣的亲密接触。每当他们想到照片中的人，就要用笔来做下一个记号。第二个实验，写一段话的时候，心里要充满爱地想着自己的伴侣。每当他想到照片中的人，也要做一个记号。最终结果一比较，第二个实验画上记号的远远要比第一个实验要少。这说明一个什么问题呢？恋爱中的人，对其他性感而陌生的人很难产生持续性的留恋，很快就把他们忘了。

冈萨卡：恋爱中的人可以把一些念头抛在脑后，他们不会一直想着有吸引力的其他人。

这显示真爱的力量是不可抗拒的，强烈的吸引力让两个人紧密结合。但如果真爱遭遇了魔鬼般不可遏止的欲望，哪个会占上风？

冈萨卡：欲望这东西很诡异，即使它指向你的浪漫爱情对象，它也能让你对对方不那么专情。所以欲望有一部分的功能是在周遭寻找最有魅力的其他人，所以如果附近真的出现更有魅力的人，你们现在的关系可能就不妙了。

所以科学给出答案：如果双方关系是建立在真爱的基础上，我们有很大可能会继续在一起；如果是建立在欲望的基础上，人就很可能会继续寻找其他更有吸引力的人发生性关系。这就能解释为什么有人风流成性的原因。

冈萨卡：所以看来应该是爱情，而不是欲望帮助你毫不犹豫地许下承诺，并且帮助你巩固你和浪漫爱侣的关系。

愿意陪对方度过一生的动力又是来自哪里呢？

费雪：依恋就是你从长期伴侣身上察觉到的平静和安全感。

爱，真的可以征服一切。但它是怎么做到的？科学家解释，人体内有一种天然的“爱情灵药”可以像强力胶一样把你和伴侣紧紧地黏在一起，当两个人做爱时，它就会发生作用。这种化学物质叫催产素。

催产素是脑部分泌的一种荷尔蒙和神经传导物质。以前人们只知道它的作用是为孕妇催产和刺激乳房泌乳，但现在科学家发现，它还有别的作用，而且男女通用。催产素就像刺激性欲的荷尔蒙会引发高潮，并促使情侣在发生关系前后相互拥抱抚摸，因此催产素就得了一个别名叫“拥抱的化学物质”。

费雪：这就是为什么当你跟人做爱，对方是你很喜欢、很爱的人，你会有跟他合为一体的感觉。可能是你体内大量的催产素创造出这种依恋的感觉。

理论上男女之间越是经常做爱，分泌的催产素就会越多，两个人就更加难舍难分。

费雪：所以跟你其实不喜欢的人做爱有一点危险。事实上我就建议我的学生，不要跟你不想爱上的人做爱，因为你可能会引发这些脑部反应。这就好像在玩火。

科学家还发现了另外一种跟情侣分不开的物质——血管加压素。它是在发生性关系时分泌的，血管加压素能刺激大脑的“奖赏中心”，形成对这个性伴侣的美好记忆，从而使他们配成一对。

性、欲望、爱情，无论你怎么理解它们都源于神奇的化学物质——荷尔蒙的组合，目的是鼓励人们不断繁衍下去，一代接一代，直到天荒地老。

（整理自凤凰卫视 2012 年 2 月 12 日
《科技无限》节目播出的《性与爱的抉择》）

第三章
亲密关系之依恋理论

相爱着的人又是往往的爱闹意见，反而是漠不相干的人能够互相容忍。喜欢一个人，会卑微到尘埃里，然后开出花来。

——张爱玲

一、依恋理论

依恋关系是人们与其婴儿期的主要看护人之间关系塑造时产生的、贯穿其一生的自然纽带。

——约翰·鲍尔比（1907—1990 年）

约翰·鲍尔比的依恋理论告诉人们，什么样的父母影响什么样的人际关系，特别是什么样的婚姻关系，而且伴随终生。根据依恋理论，人们知道亲密依赖的关系模型形成于婴儿期，它为现在的成人关系找到过去的源头，以及告诉人们为什么大多数人都要建立一种亲密关系，这种关系有什么用，而且人与人之间的关系为什么有这么多的差别，人们如何从婴儿期的关系模式中去认识、调整成年后的亲密关系模式。

二、理论背景

依恋理论最初由英国精神分析师约翰·鲍尔比提出，他试图理解婴儿与父母分离后所体验到的强烈苦恼。鲍尔比观察到，被分离的婴儿会以极端的方式（如哭喊、紧抓不放、疯狂地寻找）力图抵抗与父母的分离或离开不见了的父母。在当时，精神分析研究者们认为婴儿的这些表达是婴儿仍不成熟的防御机制的表现，它们被调动起来以抑制情感痛苦，但鲍尔比指出，在许多哺乳动物中这种表达是很常见的，他认为这些行为可能具有生物演化意义上的功能。

鲍尔比依据行为理论做出假定：这些依恋行为，如哭喊和搜寻，是与原有依恋对象（即提供支持、照顾和保护的人）相分离后产生的适应性反应。之所以出现这种反应，是因为人类和其他哺乳动物幼儿都不能自己获取食物和保护自己，他们都依赖于"年长而聪明"的成年个体提供照顾和保护。鲍尔比认为，在演化的历程中，能够与一个依恋对象维持亲近关系（通过看起来可爱或借助依恋行为来维持）的婴儿更有可能生存到生殖年龄。在鲍尔比看来，自然选择渐渐地"设计"出一套他称之为"依恋行为系统"的动机控制系统，用以调整与所依恋对象的亲近关系。

依恋行为系统是依恋理论中非常重要的关系模型概念，因为它从总体上把婴儿和照看者联系起来，是人类发展的行为模式、情感调节和人格综合考量的现代理论。在鲍尔比看来，依恋系统在实质上是要"询问"这样一些根本性问题：我所依恋的对象在附近吗？他/她接受我吗？他/她关注我吗？如果孩子察觉这个问题的答案为“是”，则孩子会感到被爱、安全、自信，并会从事探索周围环境、与他人玩耍以及交际的行为。但是，如果孩子察觉到这个问题的答案为“否”，则孩子会体验到焦虑，并且表现出各种依恋行为，从用眼睛搜寻到主动跟随和呼喊，这些行为会一直持续下去，直到孩子重新建立与所依恋对象的足够的身体或心理亲近水平，或者直到孩子“精疲力竭”，这种焦虑会出现在长时间的分离或失踪的情境中。鲍尔比相信，在这种无助的情境中，孩子会体验到失望和抑郁。

三、依恋类型

发展心理学家玛丽·艾恩斯沃斯设计了一种被称为“陌生情境”的实验过程，以观察人类母亲（照看者）和儿童间的依恋关系。在这个过程中，儿童进行二十分钟的游戏，并使照看者及陌生人进出房间，从而再现出大多数儿童在生活中会遇到的熟人、陌生人情境变换。情境中的心理压力发生变换，对儿童的反应加以观察。儿童体验到如下情境：

（1）与母亲一起留在游戏室中。

（2）陌生人进来，加入他们。

（3）母亲离开，留下孩子与陌生人留在房间中。

（4）母亲回来，陌生人离开，母亲和孩子在一起。

（5）母亲离开，留下孩子单独待在房间中。

（6）陌生人返回房间，与孩子一起留在房间中。

（7）母亲返回，与孩子重聚。

观察儿童行为的两个方面：

（1）儿童从事的探索行为（即玩新玩具）的总量

（2）儿童对母亲行为的反应

根据陌生情景实验儿童的行为反应，研究者发现人们在婴儿期就形成了安全型、焦虑—矛盾型和焦虑—回避型关系思想模型等三种主要的依恋类型。

1. 安全依恋型

依恋于母亲的儿童，当母亲在场时，会自由地进行探索、与陌生人打交道，在母亲离开时会表现得心烦意乱，并在看到母亲返回时高兴。

按照理论，当知道存在一个可在需要时返回的安全基地时，儿童能够最好地从事探索行为。提供支持会增强安全感，儿童会认为母亲的支持有用，这使儿童学会如何在将来应对同类问题。因而，可把安全依恋看作最具适应性的依恋风格。一些心理学研究者认为，当母亲可以亲近、能够以响应和适宜的方式满足儿童的需要时，儿童就会成为安全依恋型。

2. 焦虑—矛盾型非安全依恋

焦虑—矛盾依恋型的儿童会对探索行为及陌生人焦虑，即使母亲在场亦如此。母亲的离开会使儿童极端沮丧。母亲返回时儿童会表现出矛盾心态，一方面寻求保持与母亲的亲密，一方面又会产生责怪和怨恨，并且在母亲开始关注时进行抵抗。

一些心理学研究者认为，这种依恋类型源于照看者的这种养育风格——尽心尽力但自以为是，即儿童的需要有时被忽视，直到照看者完成其他某些活动才去关注儿童的需要，并且有时，更多是通过照看者自己的需要而非儿童的主动要求来关注儿童。

3. 焦虑—回避型非安全依恋

焦虑—回避型的儿童会回避或忽视母亲——在母亲离开或

返回时几乎没有任何情感反应。无论是什么人在场，儿童都很少有探索行为。对待陌生人及母亲的态度没有什么不同。无论室内是否有人或有何人，儿童的情绪都不会有多大变化。

这种依恋类型源于照看者漫不经心的养育风格，儿童的需要经常得不到满足，使得儿童相信对需要的表达不会影响照看者产生某种积极反应而不再表达或反应。

除了上述三种依恋类型以外，还有一种情感反应模式即所谓的紊乱依恋模式。这种紊乱依恋模式严格来讲不是一种独立的依恋类型，因为它是连贯风格或应对模式的缺乏。抵抗和回避类型虽然不是完全有效，但它们仍是应对世界的策略。而紊乱依恋型儿童把照看者体验为既受到惊吓又吓人的混乱模式，人类交往被体验为是无规律的，因而儿童无法形成连贯的交际模式。如果儿童借助照看者来反映、理解自己，紊乱儿童就是在观看破裂为无数碎片的镜子，无法对自己形成一个完整的认识。这比后天无助更严重，因为它是自我同一性的缺失，无法形成完整的自我而非情境产生的反应模式。

从依恋理论的背景知识和依恋类型中我们可以看出，依恋是一种童年产生的亲密情感联系，建立在两个人之间，人们称这两个人互为依恋躯体（attachment figure），可以为彼此提供安慰、保护和支持。由于依赖对于物种生存来说是必需的，它不仅为人们提供了安全基础，比如婴儿依赖父母，那么到处玩就很安全，同时依恋也为人们提供了关系的思想模型，人们在依恋关系中形成了关于社会人际关系的观点，发展出对关爱的期待，了解到他人是否会关爱自己，或者在一段关系中自己是否需要自力更生。

基于鲍尔比和玛丽的研究，人们在成年人与恋爱伴侣及配偶的关系中发现了类似的行为模式。安全依恋的人能够信任自己的伴侣，而这也意味着他们能够自信地各自独立活动。焦虑—矛盾型的人会因为他们的交际行为，而被伴侣看成是过分依赖而引来麻烦，他们易于担忧伴侣是否爱自己、伴侣是否珍重自己。焦虑—回避型的人有时会难以与他人亲近。他们难以信任人，也不喜欢依靠人。由于依恋模式通常形成于婴儿期，有观点认为，成年人所建立的人际关系反映着他们与母亲（照看者）的依恋关系模式。

四、成年后的人际关系类型

虽然鲍尔比主要关注于理解婴儿—照看者关系的实质，但他相信“从摇篮到坟墓”的全部人生阶段都具有依恋性。直到1980 年中期，研究者们才开始严肃地考虑依恋过程延续到成人期的可能性。哈赞和西维尔（1987）对恋爱关系背景中的鲍尔比的观点进行了早期考察。他们认为，成人伴侣间出现的情感纽带，以及在婴儿和其照看者之间出现的情感纽带，都是依恋行为系统这一同样的动机系统所导致的。同时，他们还发现，婴儿与照看者和成人伴侣之间具有一些共同的特征：

（1）都会在另一方在身边和能够响应自己时，感到安全。

（2）都有亲密、私人性质的身体接触。

（3）当不能亲近另一方时都感到不安全。

（4）都与另一方分享自己的发现。

（5）都会抚弄另一方的面部，并都显示出相互间的迷恋和专注。

（6）都会进行“身体交谈”。

基于这些类似，哈赞和西维尔得出结论说，成人恋爱关系与婴儿—照看者关系一样，也是依恋关系，并且，浪漫的爱是依恋行为系统和动机系统的特征，这些系统产生出照顾行为和与两性相关的现象。研究者把成年后的人际交往模式也分成三种类型：

（1）安全型：认为接近他人、依赖他人和被人依赖都很舒服，自己被抛弃了也不担忧。

（2）逃避型：和他人接近都很不舒服，很难相信或者依赖他人，他人靠近时自己很紧张。

（3）焦虑/矛盾型：认为他人不情愿像自己一样想接近对方，担心同伴不是真的爱自己，不会和自己在一起，想完全和某人在一起的想法会把对方吓跑。

五、依恋关系中的人际关系评价与标准

依恋理论的研究者认为，儿时的经历不仅成为人们情感调节的基础，而且婴孩时期和照看者关系的好坏影响其成年后的人际关系评价，特别是对人们成年后的人际关系模式产生以下两个方面的影响：

一是，焦虑和自疑：自己值得别人的关心和照顾吗？

二是，对他人的疑虑：他人能否帮助自己？

和父母/照看者关系好：对他人积极评价，对他人的帮助更多地想到爱、关心和照顾。

和父母/照看者关系不好：对他人消极评价，对他人的帮助更多地想到利用关系，负面结论偏多。

从以上两个主要的人际关系评价模式中，研究者又分出以下四种个体自我价值评价模式：

（1）安全个体：对他人积极评价，对自己的态度也是积极的；没有安全感的则反之。

（2）依赖个体：对他人评价积极，对自己态度消极。

（3）拒绝个体：对自己态度积极，对他人态度消极。自我感觉良好，却和他人保持距离。

（4）畏惧个体：对自己和他人评价都是消极的，认为他人就是痛苦和拒绝的根源，躲避亲密或亲近。畏惧个体追求亲密时，开始时认为自己不值得他人关心和照顾，这就逼迫他们想要获得他人的认可，但他们内心纠结，担心别人不会提供他们想要的关心、照顾和认可，因为他人可能成为痛苦和拒绝的来源。

研究表明，人们内在的运作模式来源于他们童年时与照看者的关系，该运作模式会让他们对自己进行评价，判断自己是否有价值，这就是焦虑的维度；第二个维度就是他人的价值或可信赖度，能否满足自己的需求，这就是躲避的维度。所以，人们可以通过依恋关系中的人际关系评价模式帮助自己去认识亲密关系的塑造过程。童年时期与父母或照看者之间的关系模式将影响两个成年人亲近感的建立，在交往过程中彼此怎样去了解对方，以及通过了解对方的性格、家庭背景和解决问题的模式可以更好地促进身体上的相互吸引。在沟通交往的过程中，什么样的对话模式让人感觉很舒服，什么样的话语可以促进对话的展开，通过这些对话内容和对话方式，各自可以怎样分析彼此的情感关系模式，怎样创造一个可以良好沟通的对话平台。

在人际交往的过程中，亲密关系中的人们会逐渐意识到依恋关系的三个评价标准，即自我的价值、他人的价值，以及关系中最重要的心灵相通“这个人理解我吗?”也就是人们感知世界的方式。而“关心”则是这个评价标准中衍生出来的特别重要的评估标准，它直接决定了一段关系的好与坏、去与留。这里的“关心”不是指生活中普通的问候、关怀和照顾，而是指这个人会不会尽其所能帮助自己、理解自己，如果要认真投入到这份感情的话，自己的需要能否得到满足。这里特别值得注意的就是，人们在关系建立的过程中只注重对方的“尽其所能”，而忽略了对方“尽其所能”提供的安慰、保护和支持是否能满足自己的需要，这样就直接导致婚后的各种矛盾和冲突。因此，人们根据“关心”来确立一段亲密关系时一定要考虑两个维度，即对方的“尽其所能”以及自己的需要是否能得到满足。

总之，依恋理论解释了人际亲密关系中非常有趣和重要的事——亲密的标准从哪里来的？为什么人们需要靠近？为什么有些人觉得孤独或者远离他人更好？关于丈夫的角色、妻子的角色、父亲的角色、母亲的角色等人际关系模式和思想模型都是在这个时期建立的。它帮助人们在创造共同的对话平台时，通过这些原因、标准和思想模型去逐步了解彼此，发现对方的特点，对方的兴趣，对方的职业、任务、目标、恐惧和渴望时，自己作为敞开心扉的那个人最关心的是能否得到对方的理解、认同和关心。而这些人际关系模式和思想模型是与生俱来的，且伴随终生。

第四章
亲密关系之社会交换理论

我的力量如何，我的爱也如何。我的爱如何，我的价值也如何。

——奥古斯丁

一、社会交换理论

伴侣相处时会权衡关系中的回报与付出，亦会考虑解除关系时会碰到的障碍以及拥有其他伴侣关系选择的可能性。

——哈尔·凯利

哈尔·凯利说，在亲密关系中人们做决定时，会权衡利弊，会考虑自己的行为会带来什么样的回报和代价。人们经常会想：还有别的可能吗？对于感情，自己的期待是什么？在这段感情中自己有可能遇到的困难是什么？特别值得注意的是，在感情中自己体会到的满足感或幸福感与自己是否想继续这段感情并不是一回事，而是与自己的比较水平也就是期待值有紧密关系。根据哈尔·凯利的社会交换理论，可以看出人们在考虑、决定一段关系的去与留时，几乎每个人都是理性主义者和经济学家。

二、交换的理论原则

哈尔·凯利假设人们处理感情问题与他们处理经济问题的态度是一样的，注重感情中的回报和付出，他把这种注重行为称为“结果”，意思就是用感情中获得的“回报”减去“代价”所得，然后用这个“结果”与自己的期待值相比较来评估自己的伴侣关系，以此来决定自己的选择。

爱情和婚姻的最大区别之一就是婚姻是一种生活模式，是需要讲“条件”的。根据婚姻的目的、演化论中的生理学择偶机制以及依恋理论中涉及的人际关系模式，在需要讲“条件”的婚姻关系中，除了情感因素以外，人们会用适应社会生存的条件去评估一段感情的质量高低，如物质收获、社会地位、安慰、扶持等因素去作为感情中的“回报”，会用痛苦、受苦、失去其他选择机会等因素作为感情中的“代价”，用“回报”减去“代价”得到的“结果”与每个人自己对感情的期待值做比较就可以做出决定了，即满足感 = 回报 - 比较水平选择（期待值）。

三、交换的理想条件

在婚姻关系中，每个人的需要和认知是不同的，所以每个人对于感情的期待值、满足感和比较水平选择也就不同。这些因素还会随着环境的变化，年龄、阅历的增长，认知水平的提高发生很大的变化。如何在这些绝对会发生变化的因素中找到一些相对不变的因素来帮助人们认清自己在亲密关系中的需要，特别是认识到自己在这段关系中能为对方提供什么样的选择条件，这就需要建立一个认识自己、了解他人的“条件知识库”。

1. 用自由想象法来认识你自己

傅佩荣老师在《西方哲学课》里把一个人在世界上的情况分为十六项条件，这些条件又可以综合为四组，每组四个条件。

认知自己的四个维度

1. 天生具备的条件：年龄、外表、健康、聪明。

2. 成长过程获得的条件：家庭、教育、专长、职业。

3. 社会奋斗过程获得的条件：财富、名声、地位、权力。

4. 个人生活圈的条件：朋友、志趣、社团、信仰。

男人对女人的期盼：善良、聪明、性感。

女人对男人的期盼：聪明、声望（靠成功获得的社会地位）。

第一组：一个人天生具备的一些条件，包括年龄、外表、健康、聪明。

第二组：一个人成长过程获得的某些训练和资源，包括家庭、教育、专长、职业。

第三组：一个人在社会上奋斗一段时间后，TA 会取得某种社会意义上的成绩，比如财富、名声、地位、权力。

第四组：一个人生活中经常接触并且做了选择的，比如朋友、志趣、社团、信仰。

根据这些维度，问问自己“你认为哪几样最重要?”有些人很贪心，什么都想要，但是自己又知道那是不可能的，因为世界上没有完美的人。这时你可以采取每组选一样最重要的，选完之后，你就知道自己是什么样的人、需要什么样的人、可以拿什么和别人交换了。

第一是天赋条件方面。年龄、外表、健康、聪明，哪一个最重要？很多人会选年龄，总觉得年轻比较好。但是后来发现，不管你怎么珍惜、保养，人都是要变老的。德语中有句俗语，“所谓的老，就是比你现在年龄多十五岁”。孔子也说，“发愤忘食，乐以忘忧，不知老之将至云尔”。事实上，当一个人对年龄有了这种比较全面的了解后，就不会认为年龄是最重要的了。

第二是外表。外表重要吗？当然重要，不重要为什么那么多人去整形呢？对于外表，大家都很在意，不过无论一个人怎么追求外表也是有条件限制的。

第三是健康。这个世界上谁不重视健康呢？很多人甚至形容它是那个“1”，其他都是它后面的那些无数个“0”，如果这个“1”不在了，其他的就都不存在了。但是，健康只是属于身体的层次，它只是必要，而不能说重要。那什么叫必要呢？就是“非有它不可，有它还不够”。人必须健康地活着，才能创造、提升自己的价值，健康只是必要的基本条件，谈不上是最重要的，因为世界上没有一个人是完全健康的。

第四是聪明。聪明就是一个人天生的禀赋。人的聪明才智一般来说有三个大方向：有些人从小就喜欢自然界的一切，这种天赋可以延伸到科技方面；有些人喜欢社会的结构、群体的运动，TA 就会关注社会改造；有些人喜欢思考，喜欢沉思、审美、艺术方面等属于心灵层次的享受，就会关注哲学。不管你喜欢自然科学、社会科学还是人文科学，提升到最后都是智慧的表现，只不过表现方式不同而已，你的兴趣在哪里、优势在哪里，你聪明的方向就在哪里。所以，聪明是一个人一生发展的非常重要的基础。

傅佩荣老师说，在天赋条件里面，人们可以看到，年龄没什么好发展，只不过年龄有个特点就是越老心态可能越成熟，越容易领悟到精神层次的价值。外表实在不用太在意，保持整洁就好。不用太重视外表，青春是永远留不住的，各个年龄有各个年龄的美感。健康的话，既然没有人完全健康，也没有人完全不健康，只要能行走、奔跑，能维持能动性就好了。但是，聪明是唯一的、没有限制的，它是一个人事业发展的重要基础，也是发现、解决问题能力的重要基础，而且发展空间大，值得看重解决问题能力的人特别用心。

第二组就是一个人成长过程中那些慢慢获得的条件。

第一个是家庭。傅佩荣老师认为，家庭是一个人命定的，生在什么样的家庭是自己无法决定的。原生家庭已经注定，父母给的成长环境无法选择，但是人可以选择自己的家庭，建立自己关于家庭“爱”和“责任”的观念，每一位想进入婚姻的人都需要去认真考虑和判断自己想要的“家庭”。

第二个是教育。主要是指人们受的学校教育，这一方面每个人基本上都是比较被动的。这里的教育不是指应试教育，而是需要侧重考察“全人教育”，即一个人人才、人格、人文三个层次方面的教育水平，因为在亲密关系中，一个人“全人教育”的品质很大程度影响着关系的品质和幸福感。

第三个是专长。受教育之后培养专长，以及后来的相关职业。如果说教育是被动的，那么专长就是自己可以把握的。专长放在人才方面，自己就可以成为某方面的人才，这样也就得到第四个——职业。根据统计，一般人在社会上，一生大概会换三到四个职业，而职业的发展和更换都和专长有非常紧密的联系。另外，人格方面无所谓专长，只要随时提醒自己努力行善就可以了。人文方面的专长比较特别，因为这个方面的发展是无限的，一个人对于文学、艺术、宗教方面的了解和体会是没有止境的。

所以在这组里面，家庭是命定的，教育是被动的，专长是可以一直发展的，职业是可更换的。通过分析，显然专长是比较有发展空间的，把它和第一组的聪明配合起来，就会发现这个人在社会上不但可以有立足之地，同时 TA 在人文方面，其专长也可以随着年龄的增长而不断发展。

第三组是一个人在社会上奋斗一段时间后获取的某些社会意义上的条件。

第一是财富。人的社会一定有财富以及财富分配的问题，每一种行业对于财富会有不太一样的看法。既然财富的获得与分配很多人都有自己的看法，这里推荐白圭的生意原则，就是“智、勇、仁、强”四个条件。做生意需要智慧，能够分辨形势，对从事哪一种经营的内容，以及社会需求等等，要有足够的智慧判断。勇敢就是决断。遇到问题当断则断，否则的话，后面就会问题重重。仁就是财富分配。赚了钱一定要分配给所有合作的人，包括员工在内。强就是守得住，能坚守。一个人做事不可能一帆风顺，在困难的时候要守得住。白圭教人做生意就要具备智、勇、仁、强四种品质，这其实是一种基本的人格特质或者基本能力。用孔子的话说，考察一个人看他/她获得财富和分配财富的方式用十二个字——“老者安之，朋友信之，少者怀之”。

当人们整体思考第三组内容的时候，就会发现，除了财富可以靠自己的努力、靠自己的能力稍微容易获得一点以外，也就是自己能掌控得多一点以外，名声、地位、权力则需要别人的帮助，靠运气的配合。

人们选择亲密关系时的年龄一般都是二十二岁到三十五岁左右，能思考到财富已经非常不容易了。在每个人的成长过程中，大多已经发现自己的聪明在哪里，接着按照聪明的指示培养自己的专长，聪明加上专长，就可以在社会上立足了，可以得到一定的财富，可以去思考名声了。

第二是名声。名声是什么？孔子说“君子疾没世而名不称焉”，意思就是君子不能接受死的时候竟然没有人知道他的名字，也就是说人活在世界上，总要让别人知道自己的名字。好名还是恶名，需要年轻人好好思考。由于名声是由别人决定的，所以西方特别强调个人不要受制于名声。西方有句话说得好，所谓名声就是当别人无聊的时候就来踢一踢皮球，名声就是那个皮球，很多人踢，皮球就跑得很热闹，但没有人理的时候，皮球自己就停下来了。所以一个人不要受制于名声，如果你受制于名声的话，压力很大。既然名声有好有坏，无论是对个人还是对社会都有一定的重要作用，特别是还是由别人决定，那一个人如果有名声的话，TA 就需要对自己做一个思考

——自己的“名”是不是跟自己的“实”和“分”相配。是名过其实还是名副其实？当一个人经历过名声的正面、负面情况以后，就会发现无论TA怎么珍惜自己的名声，顶多能做到有些修养、收敛自己，不可能主动让名声出现什么特殊的效果。

第三就是地位。一般讲到地位，需要两个条件：首先必须是专业的，一个人在某个领域专业才能在那个领域有地位；其次是一定要有长时间的耕耘。所以地位也不能强求，一个人的专业加长时间的耕耘才能换来地位。

第四是权力。权力是什么呢？与权力相对的是责任，也就是一个人的权力大小和TA承担责任的能力强弱是紧密相关的，有多大的权力就有多大的责任。

通过傅佩荣老师的分析，财富、名声、地位、权力，哪个最重要？记住一个原则，那就是你所追求的是按照自己的力量可以追求到的，你才追求。你所追求的需要靠很多外在的力量，比如很多人给你好的名声，靠别人的支持给你的权力，或是需要很久很久才能获得的地位，而财富的获得靠自己的力量多一些，容易一些，这就是很多人把目标放在财富上的原因。

最后是傅佩荣老师对第四组朋友、志趣、社团和信仰的分析。

朋友是什么呢？罗马哲学家西塞罗在《论友谊》中说朋友就是生活中的阳光。如果没有朋友，就等于没有了阳光。既然朋友如阳光，对一个人的生命就非常重要。人们选择什么样的朋友也就从另一个侧面反映了自身的某个特点。孔子在《论语·季氏篇》里谈到益者三友、损者三友。益者三友就是“友直、友谅、友多闻”，就是真诚正直的朋友、能体谅能守信用的朋友、博学多闻的朋友；损者三友就是“友便辟、友善柔、友便佞”，就是刚愎自用的朋友、委婉顺从没有主见的朋友、强词夺理的朋友。分清朋友的类型后还要看一个人交往朋友的层次。一般把朋友分为酒肉之交、利害之交、道义之交与生死之交。大多数人交往的朋友是第二和第三种结合在一起的，如果一个人遇到能把这四种朋友都分得很清楚的人，几乎等于是找到了一个理想的结婚对象。

了解一个人，还要去看 TA 的志趣，因为志趣对一个人来说真的非常重要。志趣——志向与兴趣，兴趣比较偏向先天的爱好，而志向则比较偏向后天的选择。人的心有知、情、意三个潜能，而志趣就是知、情、意的结合，长大后想做什么，怎样为社会做出贡献，最后成就自我的人生。兴趣在哪里？志向怎么定？这两个配合得好，然后一生发展下去，就容易获得成功。很多时候人们都不知道自己想做什么，突然某天内心震撼就发现了自己想要做的事情，然后全力以赴去赋予它意义，去实现这个目的。所以志趣在某种程度上讲不仅仅是发现自己的兴趣和志向，更能体现一个人实现自己人生目的时的某种意志品质。

最后是信仰。人生信仰是个人的，是一个人在寻找人之为人的根源，是道德的基础，是一种身、心、灵全心投入的“全盘托付”，会为它放下一切，也会为它承担一切。不要问一个人信什么，要看 TA 怎么做，要看 TA 的行为，因为信仰是安定一个人心灵的内部，而这种安定是人们能够感觉得到的，甚至看得见的。比如有些人让人觉得 TA 心胸特别开阔，能包容别人的缺点和错误，同时也积极鼓励别人，常常有一种由内而发的力量，也就是有一种热情、对生命的热爱，但是又不会让人觉得有以自我为中心的倾向，那 TA 内心一定拥有某种信仰。人们就会被这种安定、这种力量、这种热情所吸引，愿意和这样的人交往，愿意去了解 TA，甚至愿意在这些人中间去寻找自己的伴侣。

通过傅佩荣老师的分析，人们可以看到哪些东西是自己可以掌握的，哪些东西是自己无法掌控的，四组维度既可以帮助人们认识自己，也可以认识他人。

2. 用产品思维来认识你自己

梁宁认为，用产品经理的视角来观察判断一个人，可以帮助人们在开始长期关系之前做出更明智的选择。无论是恋爱也好，结婚也罢，都是非常重要的长期关系。因此在开始一段长期关系之前，如何有框架地去观察一个人，进行是否适配的判断，是非常重要也是非常关键的。任何一个人都会有自己的感受，如果没有经历过专业的训练，所有的感受都是混杂的，也是混沌的。

一个人的情绪，一定会被 TA 最有感觉的那个点牵制住，从而产生强烈的认知偏差和情绪偏差。更何况在其没有强烈感受的那些地方，还会存在大面积的认知盲点和思维遮蔽。梁宁的产品思维法就是用一个完整的框架体系像看一个产品一样来分析评判一个人。不管你的第一直觉是喜欢还是不喜欢，其实都可以用这套框架相对完整地度量你对一个人的认识到底有多少。

第一层，感知层。

一个产品，你拿到它，它设计得美不美，质感怎么样；一个人，你看到TA的第一眼，身材、相貌，说话什么口音，穿衣服怎么搭配，就是这个人最外层的感知层。

第二层，角色框架层。

角色是很重要的一个词，也是涉及领域很多的一个词。简单来讲就是，每个人都生活在角色里，并且被角色驯化。比如说你遇到一个银行职员，一个军人，或者是一个公务员，你在和TA打交道的时候，你就能明显看到TA身上角色的痕迹。在办公室和同事交往，人们的相处首先就是角色的对接。谈什么内容，知道哪些东西，都会被角色所控制。所以，基于表面的感知，基于角色化的接触，都是非常浅层的关系。也就是说，咱们日常和人的接触多半都是浅层关系，因为人们上班工作时都是基于角色在做彼此的交流。人们在接受各种服务，为你提供服务的那个人，其实也都是角色所设定好了沟通方式和交付内容，然后再与你进行沟通、交割和讨论。如果你和别人在角色扮演里对接，你就会被牢牢地捆在设定的角色中，其实两个人只是角色的对接关系，是没有办法达到彼此的深入了解和深层关系的。

第三层，资源结构层。

梁宁认为，资源结构层已经属于一个人的深层关系，包括一个人的财富资源、人脉资源、精神资源，每个人的资源结构层都不一样。在每个人的人生历程中，有时候都会处在同一个角色里，比如说都曾经是学生，毕业刚工作的时候都是小职员。但是接下来，因为每个人的资源不一样，每个人的精神资源不一样，出身背景、家庭的人脉资源不一样等等，资源结构就会推动每个人去往不同的地方，成为不同的人。也就是说，每个人可能都曾处在某一个角色中，但未来会进入到不同系统的不同角色中。所以其实到了资源结构的这个层面，很多人已经不会观察、不会判断了。梁宁认为，很多人只会看一个人的外表、穿着，或者问一些非常表面化的问题，比如你存款有多少，有房有车吗。如果用产品经理的专业术语，这个叫作只抓表面数据，这种用户研究行为其实是非常低级的。如果是只能抓表面数据的产品经理，肯定不可能成为一个优秀的产品经理。就好比说一个人，如果 TA 只能基于一个人的感知层、角色层进行交流，或者基于表面数据的存款和房车去对一个人进行判断，那这个人也是没有办法和别人建立深度关系的。

第四层，能力圈。

第五层，存在感。

在梁宁的分析中，能力圈和存在感属于一个人的内核。一个人对自己存在感的定义非常重要，但是很少有人能认识到这一层。

存在感就是每个人对自己为什么而存在，到底是怎么感知的。什么状态下，TA 的存在感得到了充分的满足？什么时候对方让自己不爽或者烦躁？存在感之于人就好像生存之于动物一样，是触发情绪和推动行动的开关。

观察一个动物，它的状态、情绪，其实都是关乎它的生存需求是不是被满足。狮子为什么要去咬长颈鹿？其实狮子也很吃力、很勉强，但是必须厮杀下去。因为饿，因为生存条件不满足，这是生存的需求在驱动它。如果它吃饱了，它才不这么费劲呢。所以一个人为什么奔波、焦虑、不安、机关算尽、上蹿下跳？其实是因为TA的存在感还没有被满足。动物其实只要生存条件满足，它就很愉快了。

但是人和人又是不一样的。有的人只要能够在一段关系里，比如说在一个家庭中，在和自己爱人的关系中，只要自己的存在感是清晰的，对方给了自己足够的确认感，这个人就能够满足。但是有的人，远远不能满足自己只能在一段亲密关系中找到自己的存在感，TA还需要在职场、在行业中、在社会影响力中，体会到自己的存在感，体会到别人的重视。就像是生存在驱动动物奔波撕咬一样，对存在感的寻求，以及不安全感，也在驱动男人、女人思前想后、废寝忘食、找人找事找钱，去满足自己，去确认自己的存在感。动物其实是在奔波和厮打中强健了自己的肌肉，一个人是在不断强化自己的存在感，在左冲右突里扩充了自己的能力圈。

所以梁宁认为一个人最内核的就是存在感，如果一个人的存在感满足了，其实TA的能力圈很大程度上就不会再扩充了，就像好多女人结了婚就不化妆了，男人满足了就不奋斗了是一样的。因为扩充能力圈其实是一件很痛苦的事情，你想狮子为了吃去杀长颈鹿，其实它挨打也是极其痛苦的。如果一个人明确知道自己想成为一个什么样的存在，就会不断地改变自己的能力圈，改变自己的资源，然后甚至改变自己外在的样子。

梁宁认为，对于浅层关系，最表层的感知层就够了。就像你只是打算购买一个产品，那你只要看到最表层就够了。如果你只是想谈个恋爱，并不打算和任何一个人的命运去深入勾连，那你看到最表层也就够了。但是如果你追求的是深度关系和长期关系，那你需要看到的就绝不仅仅是表面上已经呈现出来的结果。

没有任何一个人是完美适配另一个人的成熟产品，你需要看到的是一个人能够持续让自己变化的内在动力，然后在漫长的不确定的未来里，明确你们两个人是不是能够一起拥抱不确定、拥抱变化，在变化中变得成熟，彼此适配。其实这个才是更关键的东西。所以，如果你只是做用户，想短期关系、捡现成的，那你看到一个人的感知层和角色层就够了。但如果你是要结婚，想要投资一个人，或者你要选择和某个人成为长期的合伙人，那这个人对自己的存在感到底是一种什么样的自我设定和感知，TA 对自己能力圈的建设和经营，以及 TA 对自己资源的建设和管理才是更重要的。

四、选择方式

不管是傅佩荣老师的自由想象法还是梁宁老师的产品思维法，都是从不同的维度去帮助人们认识自己、觉察自己的需要。可是怎么做选择呢？这么多条件，都想要怎么办呢？

做选择时，需要分清楚三个“要”——必要、需要、重要，就是把人的生命分三个层次——身、心和灵，灵就是精神。相较于将来可能获得的像财富、地位、名声这些，属于身体层面的“要”就是必要的，它是相对可见、可量化的。这就很容易把健康归纳到“必要”这个层次——非有它不可，有它还不够。

然后就是“需要”。“需要”跟“心”有关，很多时候也会觉得跟自己的情感有关，因为“需要”里面有求知的，有情感的，还有个人主动抉择的。“需要”亲情、友情、爱情，所接受的教育、设法追求的专长，或者说工作、职业也是一样，这是需要的。如果你对每一项都想要，就需要思考为什么。这里所做的分析是概念上的普遍了解，要结合自己在现实中具体的信息和情况。譬如有人很容易认为家庭最重要，这当然很好，就需要弄清楚 TA 认为的家庭的概念是什么。是指包括父母在内的原生家庭（大家庭），还是指将来你们组成的小家庭（核心家庭）。很多人非常看重原生家庭的完整性，甚至有些年轻人一听到对方来自单亲家庭或者离异家庭，心里就开始犯嘀咕。没有人可以完全离开原生家庭，但是有时候你就必须割舍，必须能够化解原生家庭带来的相对的困惑、压力或各种依恋关系产生的其他相关问题。所以"需要"的层次代表什么呢？你需要这些，但是同时你也需要不断地去提升、去精进，而不能够只停在说"我需要，所以我就在一个层次里面打转"。

第三个是"重要"。或许把这个"三要"再重新用一句很流行的观念来加以说明，说不定更清楚。譬如说，"生命诚可贵，爱情价更高，若为自由故，两者皆可抛"这句话，生命当然是必要的层次，爱情是需要的层次，那么在这里"自由"就变成"重要"的层次。这当然不是对每一个人都适用的，它是一种选择，显示一种价值观。谈到"重要"的时候，你要问：能让人生有意义的，让这一生不会虚度的是什么？或者指引这一生方向的是什么？人生需要有价值的定位，一个人才能知道自己是谁，才能了解自己在跟别人互动的时候，要选择什么，不要什么，要放弃什么，然后自己的人生就不会纠结了。

不管是人生经济学，还是市场经济学，目的就在于让人们省去很多犹豫不决的时间。一个人需要清楚知道自己的人生往哪里走，必须为它负责任。自己要成为什么样的人，要如何抉择，选择什么样的伴侣，用什么去交换，这才是一个决战点，这才是最主要的关键点。

五、情感交换中的变量

期待值、满足感、比较水平选择都会随着现实情况的变化而发生变化，这些变化是绝对存在着的，这一点特别需要引起重视。很多人特别是女性在择偶的时候会潜意识地降低自己的期待值（这可能跟亚洲女性所处的文化环境、家庭教育有关），即使自己拥有很高的比较水平选择（一个人的综合条件），即她拥有除这段感情之外的其他选择，她仍然会选择一个低于自己期待值的配偶。但是婚后，当这类女性对婚姻的期待值恢复到自己的正常水平时，她们很容易挑剔自己的丈夫，丈夫如果反抗或者默不吭声，她们就会特别挑剔自己的孩子，以弥补自己在期待值方面的亏损。

一般来说，人们会离开不好的婚姻，留在好的关系里。怎么衡量呢？每个人都有一个属于自己的回报代价表，这张回报代价表和期待值、满足感、比较水平选择有着非常紧密的联系。如果一个人的期待值低，回报代价表上显示的结果是正的，满足感就高。反之，要求高、标准高，也就是期待值高，比较水平选择也高，即使是同样的结果，也会降低满足感的。值得注意的是，人们在感情中的快乐程度也就是满足感并不是决定一段感情去留的决定性因素。有些人感情一般却维持着婚姻，有些人感情还不错却离婚了。为什么呢？除了选择能力水平的影响因素以外（选择能力低的人一般与伴侣关系的依赖性强），它还跟亲密关系中另一个影响因素“幻想破灭”有关。什么是幻想破灭？就是一个人在依恋关系中形成的最低底线，最低底线会随着人的年龄、阅历、认知增长而发生变化。比如有些人把出轨作为幻想破灭，即使犯错方不停地表示认错、悔改，平时关系里的满足感也挺高的，他们仍然不会选择原谅而坚持离婚。但是随着自己对生活、生命认识水平的变化，特别是对于人性的深刻理解，他们也会改变自己幻想破灭最低底线的标准，不再把出轨当作离婚的决定性因素。目前，社会上普遍把家暴（亲密恐怖行为）作为离婚的决定性因素，也就是说除了家暴以外，其他的冲突、伤害行为都是可以化解、原谅和宽恕的。

六、离婚对孩子的影响

研究表明，第一代离异将第二代在婚姻前五年离异的概率增加了百分之七十；离异发生得越早，对第二代的伤害越大，尤其是突然离婚，容易导致孩子产生不信任、不确定、犹豫的情感。离异家庭的孩子对婚姻更为谨慎、更加消极、更批判、更具攻击性。很多夫妻会考虑到离婚对孩子的影响，所以在择偶时特别注重配偶的某个特质或者在婚姻存续期间选择不断尝试改变、调整和妥协。

社会交换理论解释了为什么不愉快的夫妻不离婚的原因，也告诉人们幸福的婚姻该怎么样去“交换”，双方都要付出才能使感情变好，特别需要注意的是，同一个人在感情中的所得在不同的阶段也有所不同，早期能感受到回报或许在后期就完全没有这种感觉了。它最核心的一个原则就是，除了思考对方能为你做什么，更重要的是问问自己可以为对方做什么，也就是拿什么来和您交换，我的爱人。

第五章
亲密关系之社会学习理论

以年轻的名义，奢侈地干够几桩坏事，在三十岁之前，及时回头，改正。从此褪下幼稚的外衣，将智慧带走。然后，要做一个合格的人，开始担负，开始顽强地爱着生活，爱着世界。

——张爱玲《非走不可的弯路》

一、社会学习理论

在亲密关系中，人们的行为会被慢慢定型。亲密关系互动时的回报和惩罚会影响着双方的行为。与此同时，人们会根据互动的质量及满意度，来判断一段关系的好与坏。

——临床心理学家

社会学习理论告知人们行为是怎样在回报和惩罚的互动中慢慢被定型的，这种行为塑造过程涉及的条件反射有两种模式，即操作性条件反射和经典条件反射，这里关注的是操作性条件反射，也就是斯金纳的条件反射理论。斯金纳认为，人会选择做能得到回报的事，而不会选择做会遭受惩罚的事。

该理论关注行为相互作用的过程，即人们的行为是如何被慢慢定型的，以及关注对话（内容和形式）提高对话质量，关注行为的相互影响来调整行为。在这个理论假设中，人们需要意识到：

（1）行为是关键且相互影响的，唯有行为是最终解决问题的途径。

（2）互动的评价是累积的，关注对话质量。

（3）避免条件反射是亲密伴侣之间互动交流的重要模式，切忌奖励负面的行为（用唠叨解决问题）、关注短期效益、忽略长期付出。

二、社会学习理论中需要注意的问题

（一）累积的互动评价

在现实生活中，当丈夫/妻子不喜欢做家务时，一方往往喜欢用唠叨去解决问题，短期效果确实不错，但是长期积累这种负面行为后，另一方会厌倦丈夫/妻子的唠叨，慢慢变得对唠叨不敏感，甚至形成要求撤退模式，导致冲突不断升级，造成恶性循环。所以，生活中的沟通交流一定要用积极性的表达方式，形成健康的伴侣关系。

（二）被歪曲的意向

A：假期我希望能和我父母一起过，不要总是和你的家人一起。

B：你这是什么意思？

A：这不过是我的一个想法而已。（中立）

B：这太不好了，你不想跟我的家人一起过节日。

A：什么时候才能跟我的家人一起过节？（中立）

B：只要跟我的家人一起过节，你总是抱怨，你在抱怨什么？

这段对话经常在伴侣商量节假日安排的时候出现，也是最容易产生冲突和分歧的时候。对话中的A只是想表达希望伴侣和自己的父母一起过节，但是B却理解成了A不愿意和B的父母一起过节，甚至用了“抱怨”这样的情绪表达方式加以应对。在以上对话中，可以看出双方把彼此的父母家人分得非常清楚，原生家庭与新生核心家庭的界限不明是让双方产生误解的因素之一。

（三）关系对态度的影响

当丈夫不愿给妻子买衣服时，关系不同解读不同，解读不同导致态度不同，态度不同导致行为反应不同。

A. 积极：那件衣服确实不适合我，这种款式的衣服太多了。

B. 消极：他舍不得为我花钱，他不爱我。

这种类似的对话在家庭消费时经常发生，不同的关系会产生不同的态度。关系亲密时人们经常会用积极性的方式去解读对方的行为，当关系不那么亲密甚至已经产生敌意时就会用消极的方式去解读对方的行为。因此，当生活中出现这样的对话时，一定要注意观察双方的对话质量和互动方式，提醒自己一定要关注对话的核心内容，关注对话质量，一旦发现对方歪曲了自己的意思或者自己的意思被对方用消极的方式进行解读时，一定要及时沟通，因为不快乐的伴侣往往困在消极情绪中，消极对待。快乐的伴侣虽然争吵，但能很快走出来，而且不记仇。伴侣间积极正向的交流，让感情随之变好，这种交流模式也是可以训练的。

社会学习理论只关心伴侣双方行为的改变，这是它最大的弱点或缺陷，因为它只能改善伴侣之间的沟通方式，提高沟通能力，并不保证爱可以继续。也就是说，当人们对积极性逐渐习惯、可以很好地沟通时，而这时 TA 可能已经真的不喜欢 TA 了，爱意不在，仅仅依靠责任和道德约束，亲密关系就可能非常难以维持了。

第六章
亲密关系之社会生态模型

爱情如果不落到穿衣、吃饭、睡觉、数钱这些实实在在的生活中去，是不会长久的。真正的爱情，就是不紧张，就是可以在他面前无所顾忌地打嗝、放屁、挖耳朵、流鼻涕；真正爱你的人，就是那个你可以不洗脸、不梳头、不化妆见到的那个人。

——三毛

一、社会生态模型

在亲密关系中，伴侣间的压力、支持以及约束限制等环境因素将影响伴侣之间的想法、感受和行为。

——鲁宾·希尔

社会生态模型提醒人们关注伴侣之间的压力、支持以及限制，这些都会影响双方的行为，因为人们平常意识不到伴侣关系会受这些身边的因素影响，而且影响还这么大。

二、压力与亲密关系

在亲密关系中，状态良好的伴侣在面对不同压力时，如果伴侣之间对压力的解读不同、支持方式不同，其亲密关系发展也会截然不同。例如：

A. 两对伴侣，一对失业，另一对工作正常，其亲密关系发展不同。

B. 两对伴侣，一对其孩子学习成绩好或身体健康，一对其孩子学习成绩不好或身体有疾病，其亲密关系发展不同。

C. 两对伴侣，其中一对孩子发生变故，丢失或死亡，其亲密关系发展不同。

D. 两对伴侣，其中一对独立居住在大房子，另一对和原生家庭父母住在小房子，其亲密关系发展不同。

E. 两对伴侣，其中一对是同种族、同国籍、同信仰，另一对是跨种族、跨国籍、跨信仰，其亲密关系发展不同。

从以上伴侣的压力情况来看，A 主要是经济压力；B 主要是承担责任的压力；C 主要是面对失去或无法挽回的损失的压力；D 主要是处理复杂人际关系和空间环境大小的压力；E 主要是面对不同文化、风俗、宗教习惯差异的压力。面对不同的压力，需要每个身处其中的人具备不同的应对能力和反馈机制，压力本身、伴侣处理压力的方式，以及双方对压力的解读差异都会影响亲密关系。人们不能单独地看待伴侣关系，需要认识压力根源，处理好压力，才能有更好的亲密关系。崩溃的伴侣，只好挣扎，伴侣关系崩溃不是在好的时候，而是在压力下。在诊疗咨询中，当压力的根源越清晰时，伴侣关系将会越容易得到纠正。

三、压力因素与婚姻持久度

（一）收入与婚姻

根据美国1995年关于收入与婚姻的调查报告，经济压力对关系的长期影响是负面的，穷人为维持亲密关系所付出的代价更多、更困难。研究表明：

（1）失业率低的居民区离婚率相对较低。

（2）失业率高的居民区离婚率相对较高。（高于前者两倍）

（3）个人收入低的离婚率高，首次婚姻在持续十年的时候达到百分之四十四。

（4）个人收入高的离婚率低，首次婚姻在持续十年的时候达到百分之二十二。

高收入居民区，首次婚姻持续十四年的时候，离婚率百分之三十；中等收入居民区，首次婚姻持续九年的时候，离婚率百分之三十；低收入居民区，首次婚姻持续六年的时候，离婚率百分之三十。

从这些数据人们可以清楚地看到婚姻关系的持久度与收入的高低有着非常紧密的关系。个人收入低的人群离婚率比个人收入高的离婚率竟然高了近一倍；低收入人群比高收入人群达到同样离婚率所需要的时间竟然快了一倍多。

（二）亲密时间（陪伴时间）与婚姻

在研究压力、收入等因素对亲密关系的影响度时发现，相较于富裕的夫妻，贫穷的夫妻有更少的共处时间，更少规律性的工作、休息时间，特别是贫穷的夫妻选择工作的范围小，更少规律性的工作导致没有灵活的时间甚至没有假期的工作直接影响夫妻的相聚，离婚风险增加。

有数据表明，上夜班的已婚妇女离婚风险是其他的三倍，上夜班的已婚男士离婚风险是其他的六倍。

特别需要注意的是，很多人意识到收入对婚姻关系的影响，却往往容易忽略夫妻共同休闲时光缺乏会增大的离婚风险，或者对此重视程度不够。为什么警察离婚率高？因为警察虽然是中等收入但是职业压力大、相聚时间少，所以离婚率高。为什么商人和医生离婚率高？因为商人和医生收入高、有钱但是选择水平也高，加上休闲时间少，亲密关系的时间少，所以离婚率高。因此在收入的影响因素之外，夫妻拥有共同休闲时间的多少直接影响婚姻质量和满意度的高低，同时直接影响离婚率的高低。

（三）择偶思维方式与婚姻

人们在择偶的过程中由于收入的不同产生的需求满足也会不同，研究人员把这种与收入有关的需求满足解决方式上的差异称为穷人思维和富人思维。

穷人思维指的是在婚姻中如果自己的每一种情感需求不能得到满足的话，就会选择离婚。

富人思维指的是婚姻是一种社会契约，有其社会功能，不仅仅只是个人需要的满足，除了个人幸福还有责任。

择偶过程中，人们拥有富人思维和穷人思维的选择因素差异如下。

1. 富人思维——高收入人群认为重要的因素

（1）相同的价值观、信仰。

（2）拥有好的性生活。

（3）在困难的时候患难与共。

拥有富人思维模式的伴侣更能互相理解对方的希望和梦想，从而有效沟通。

2. 穷人思维——低收入、救济户认为重要的因素

（1）属于同一个种族。

（2）丈夫有一份稳定的工作。

（3）妻子有一份稳定的工作。

（4）有一定的储蓄。

值得注意的是，不管是穷人思维还是富人思维，所有婚姻关系中的个体在沟通中都需要面对的问题有：共同的休闲时间、性、双方的父母、成为父母、有孩子、交流和家务。而低收入人群认为更重要的问题是：钱、酗酒、吸毒、赌博、忠诚、朋友。不管是经济上真正贫穷的人还是具有穷人思维的人，都需要教育，需要知道懂得怎样去维系婚姻，需要进行关于家庭价值和关系维护技巧的培训，因为他们比富人或拥有富人思维的人对家庭观、价值观更淡漠一些。

一段幸福健康的婚姻是人生中非常重要的事情，对于一段不幸福的婚姻，离婚是一个理智的解决方法。调查发现，救济户和最富有的人最能容忍婚姻，抗压力特别强，特别能包容婚姻中的不完美，而低收入人群和中产阶级特别容易离婚。调查中还发现一个特别有趣的现象，那就是低收入人群关于同居、婚前性行为、离婚方面更传统保守，但这些群体恰恰又最容易发生同居、婚前性行为、离婚等行为。而富人最容易接受男女未婚同居，却又最反对婚前性行为。因此，这些相悖的调查结果需要人们做进一步的调查和研究，同时也再次证明婚姻是一个非常复杂的社会关系，不能简单笼统地去概括它。

总的来说，社会生态模型理论告诉人们很多人倾向于关注所做的事情而容易忽略环境，只注重自己的伴侣，忽视伴侣和自己的关系是会被压力、环境影响的，而且有时候影响还很大。如果不能改变社会，不能改变资源的层次，也不能避免压力，人们唯一能做的就是：注意它，别忽视它！

实践篇

第七章
如何应对亲密关系中的分歧（1）

真正爱你的人，是先低头，等你情绪稳定了，再教你人情世故，而不是非要争个输赢，到最后一拍两散。

——村上春树

一、分歧的定义

分歧的产生是因为一个人追求他/她自己的目标时干涉到其他人追求其各自的目标。对于这种干扰的回应，多种多样。

——克顿（心理学研究鼻祖）

亲密关系理论让每个学习者认识到在人类所有的社会关系中，伴侣关系是人生最复杂、最具影响力的关系。同时，这些理论也是理解伴侣关系巨大复杂性的应用工具，可以帮助人们在亲密关系的迷宫中找到属于自己特有的那根阿里阿德涅之线。

在亲密关系中，每对伴侣都有着爱的基础和体验，有着一起奋斗的经历，都有为对方做过许多积极的事情，深刻体会过相互支持会增强亲密关系。人们学到很多积极处理伴侣关系的方法，比如彼此尊重，给予对方认可，包容、接纳对方，意见不一致时以包容为主，即使有不一致，也尽量不发火，不要过于防范、大动肝火。然而，随着时间的流逝，人们明明深爱对方，也想得到爱的回报，为什么有时还是会用消极的态度面对自己的另一半？为什么有时自己如此刻薄？为什么有时候明知会伤害对方，嘴里却口口声声说着爱？为什么明知不对，可这些不好还是会发生在自己最爱的人身上，用如此消极恶劣的态度对待自己的最爱？

面对这样的疑惑，克顿经过长时间的观察研究发现，人类是以目标为导向的生物，特别是他关于分歧的定义使人们认识到在亲密关系中没有什么所谓的性格不合。如果真的是因为性格不合，那世界上就有百分之五十性格不合的人。亲密关系的淡化如果不是因为性格不合，那为什么伴侣总是吵架呢？为此，克顿把研究方向从个人性格转移到对亲密关系里两个人生活中具体行为的研究上了。

在克顿的研究中，他发现两个人在亲密关系中越互相依赖，就越有可能发现彼此的目标不能很好地对接，分歧就越难避免。当然，分歧不是坏事，分歧多了才是坏事。也就是说，最重要的是人们如何回应这些分歧，如何控制处理这些分歧。

通过观察伴侣之间的互动，克顿把他们分为开心的伴侣和不开心的伴侣。他发现，相较于不开心的伴侣，开心的伴侣可以通过交谈表达真情实感，意见不一致时在公共场合的争吵比在家里的争吵少很多，他们谈话的内容涉及面更广且就事论事，谈话时的表情更加丰富且积极认真……全面解读伴侣在亲密关系中的行为后，克顿指出，每一种回应都是选择，伴侣一定要意识到哪种回应是良性的。

不开心的伴侣对待彼此与开心的伴侣相比，他们在生活中的互动行为更消极，具体表现在以下五个方面。

1. 厨房的下水槽

指某一领域的分歧成为整个二人世界中方方面面的代表，比如算总账，吵一件事引出很多事，扩大问题。

2. 自我总结

指发生分歧时，一方是想说什么就说什么，对方必须听着，很快就开始自我总结，而开心的伴侣则会先听对方说了什么。

不开心伴侣总是表达说出自己的想法。比如经常使用“我再跟你说一遍、你没明白、你没听我说、我是想说这个、这才是我的意思……”等语句。

开心伴侣通常会询问对方的意见或看法，常常使用“你看看我是不是明白你的意思了？”等语句。

通过观察，克顿发现两种表达模式的伴侣亲密关系走向迥然不同，“当我明白了你的意思时，你也会感觉很好，因为你得到了理解！如果自我总结，会阻碍一切发展”。

3. 预先归结原因

即自以为知道对方在想什么。总是用“我以为……”“我就是知道……”这样的语句。

开心伴侣会用询问的方式表达自己的疑问，常常使用“你为什么这么做？我想听听你的想法”等语句。

不开心伴侣总是特别自以为是地表达自己的想法，常常使用“我知道你情人节送我花只是敷衍我”这样的表达方式。

克顿发现，预先归结原因的谈话非常不利于双方进一步的交流。自我归因，别人要么赞成，要么反对，很容易产生敌意性反馈，比如“只有傻瓜才会花两千块钱买这样的衣服”。

4. 交叉抱怨

双方都想把自己的抱怨说出来，彼此不能交心，相互纠结。

不开心伴侣常常用“你老是打游戏、在外面应酬、不陪我、不陪孩子、总是乱花钱，我工作那么忙、压力那么大，你总是不考虑我的感受”来表达自己的想法和感受。

开心伴侣通常会用询问的方式了解对方的想法，比如“你想让我做出什么样的调整呢?”

克顿发现，交叉抱怨和自我总结相关，相互纠缠，都想把自己的不满或委屈表达出来，都听不到对方的声音，其实直接表达自己的需要沟通效果最好。比如：“你需要我做什么才能让你陪我和孩子的时间多点呢?”“我希望有更多的时间和你在一起。”

5. 开处方

即告诉对方该怎么做。

开心伴侣会展示自己的需要，直接表达“我想……可不可以?”

不开心伴侣通常会用否定对方的方式表达自己的需要，比如“我不喜欢你这么、那么做。别再看手机了，关注一下我的需要，关心我一下就那么难吗?”

克顿发现消极表达模式的结果更有可能消极对待，引发消极回应，而且更容易陷入恶性循环。很多甜蜜期积攒的力量会在这种消极模式中慢慢被消耗掉，甚至关系很快恶化，导致离婚。而积极表达的伴侣常常选用中性的行为态度回应对方的消极态度或行为。比如：某一方想表达“昨天你真的把我惹毛了。”不开心伴侣会说“我把你惹毛了？你还把我惹毛了呢!”开心伴侣会说

“我惹你生气了？我知道我是什么原因惹你生气了，但我想听听你的想法。”或者直接表达自己真的不知道是什么原因惹对方生气，询问对方的看法。

克顿在观察研究中发现，用积极方式进行行为互动的伴侣不会把中性的行为变成消极的行为，更不会把消极的行为变成恶性循环。

有人说，这些方法自己都试过了，但是婚姻生活为什么也没什么好转呢？也有人会说，这些道理自己都懂，可是就是不想或不愿去做，已经累了，不想向对方敞开心扉了。社会理论学者斯金纳给出了他的解释，那就是人倾向去做能得到回报的事，而不是去做会受到惩罚的事。如果生活中出现了这种情况，很大程度上是因为伴侣的行为互动模式已经形成了沟通中最严重的消极模式——要求撤退模式。

要求撤退模式是一种特殊的交流模式，不开心的伴侣基本上使用的沟通交流方式就是这种模式。一个人，通常妻子/丈夫，提出要求，希望对方有所改变，要求得到什么。而另外一方，通常丈夫/妻子，不希望满足这个要求，或不在意满足对方的要求，用撤退作为回应。如果有人让你做出改变，你就撤退一步，这时，这个人会怎么做呢？只能大声再要求一遍。一个人不断紧逼，提出要求，希望改变，另一个人不断撤退，希望能摆脱各种需求。双方会在要求—撤退、要求—撤退的模式中不断加大力度，恶性循环。

二、案例分析

妻子：你少点应酬，多关心下孩子和这个家。

丈夫：嗯，好的。(但不做出任何改变)

过了一段时间……

妻子得到肯定回答，受到鼓舞，因为她要求改变，对方做出了肯定的承诺。

丈夫意识到如果自己答应下来，妻子会消停一段时间，这样即使什么也不做也可以解决麻烦。

又过了一段时间……

妻子意识到毫无改变，就会更加强硬地要求。

丈夫会承诺说：好吧！这次一定改！

妻子发现，原来自己只要大声一点，就可以从他那里得到承诺，这样才能达到目的。而丈夫会想，原来想解决问题就要迅速屈服，终止对话，这样就能逃避进一步的交谈。真不错！但这不意味着他就会改变。

又过了一段时间……

妻子不断得到肯定承诺，但声音一次比一次大。丈夫不断承诺，不断撤退，但从不做出实际改变。妻子仍在唠叨（虽然这不是她本意），丈夫不想再听任何唠叨，彻底封闭自己，还说这一切都是妻子逼迫成这样的。

研究发现，要求撤退模式是伴侣处理分歧方式中最糟糕的模式，一定要及早发现进行调整，有意识地避免进入恶性循环。一旦进入到这种模式，亲密关系很难修复。正如社会学习理论中提到的那样，在要求撤退模式中，彼此的亲密感已经逐渐消耗殆尽了，即使通过学习或进行婚姻咨询关系发生好转，但亲密感已经不在了。重新建立亲密感是件非常困难的事情，一定要及时发现自己的沟通模式，切忌走进要求撤退模式。

在发生分歧时，伴侣表达分歧的方式非常重要，积极的还是消极的，关系趋势和结果完全不同。克顿跟踪四年新婚夫妇研究发现：为什么有时候伴侣吵架反而是件好事？因为伴侣通过生气表达了自己的真实想法，根除问题，而不是压抑、抑制，有一天总爆发。另外，生气，不构成威胁。那些释放情感的人关系更不容易恶化。还有，面对艰难的问题，说出来，不逃避，短时间会痛苦，但长时间会有好处，能解决问题，不说，永远解决不了。

研究证明，伴侣间的谈话内容、谈话方式对婚姻的稳定性影响非常大。幽默、真情实感的积极表达方式非常有利于伴侣感情稳定性的建立。不过，研究中还发现一些特别有趣的现象，那就是一些言辞内容消极但感情积极的伴侣，他们的婚姻稳定性和言辞积极的伴侣感情稳定性是一样的，一样可以拥有稳定的婚姻。虽然他们言辞消极，但感情积极，表明“我还爱着你”，两人的爱情比冲突更重要。也就是说，在处理分歧时，真正重要的是人们是否知道彼此想要的其实都一样，是否知道如何去争取，是否知道结局如何。

第八章
如何应对亲密关系中的分歧（2）

当你眼泪忍不住要流出来的时候，睁大眼睛，千万别眨眼！你会看到世界由清晰变模糊的全过程，心会在你泪水落下的那一刻变得清澈明晰……

——张爱玲

亲密关系中的分歧是不可避免的，而且一定会发生，这是伴侣相互依赖的关系所导致的，而且伴侣之间越互相依赖，就越有可能发现彼此的目标不能很好地对接，分歧就越难避免。这时需要分清楚哪些分歧是可以用积极沟通的方式去化解，哪些分歧是无法化解，甚至关系已经无法修复，只能选择离开。

在亲密关系中，人们把那些不是由依赖关系产生的分歧，或者说不一定由依赖关系产生的分歧称为亲密伙伴暴力。亲密伙伴暴力不是不可避免，或者说相爱且相互依赖的两个人不一定会产生亲密伙伴暴力，不过值得注意的是它虽然可以避免，但在人们的日常生活中它却是一个普遍存在。

每年美国约有一到四百万女性遭受过亲密伙伴暴力（由于家庭及个人隐私，无法得到准确数据）。在关系犯罪中，女性受害者是男性的五到八倍，女性遭受亲密伙伴暴力的有百分之二十一，而男性遭受亲密伙伴暴力的只有百分之二。亲密伙伴暴力对男性和女性的影响程度是大大不同的，男性遭受亲密伙伴的伤害概率远远低于女性所遭受的来自亲密伙伴的伤害概率。根据美国司法部的数据，对女性谋杀中的百分之三十三来自其亲密伙伴。

“相爱的人会吵架、打架，甚至诅咒对方，不过这些情况很少发生。”这是人们关于亲密伙伴暴力的认识误区之一，因此没有对亲密伙伴暴力产生足够的重视，更不要说研究了。直到1980年，施特劳斯和他的团队第一次开始研究亲密伙伴暴力。他和同事做了一份来自全美两千一百例普通人关于亲密伙伴暴力的调查问卷，调查伴侣在解决分歧时发生的行为。结果有百分之十二点一的丈夫承认实施过亲密伙伴暴力行为，百分之十一点六的妻子承认实施过亲密伙伴暴力行为。

“只有不幸福的伴侣才会产生亲密伙伴暴力行为。”这是人们关于亲密伙伴暴力的认识误区之二。无论是幸福伴侣还是不幸福的伴侣，百分之五十的新婚伴侣表示曾有过肢体侵犯，会发生亲密伙伴暴力。需要指出的是，只有百分之二的伴侣认为自己不幸福，而百分之四十八的伴侣认为自己是幸福的。“我很幸福，我很爱对方！”调查者说。1992年欧莱瑞的调查发现，恋爱期间发生亲密伙伴暴力的恋人大部分后来也会结婚。不过这些调查只关注行为，没有关注结果，即暴力的程度。

侵犯行为可以分为中度侵犯行为与严重侵犯行为。由于暴力的结果程度需要专业的机构进行鉴定，这里只是关于侵犯行为的粗略分类。

中度侵犯行为：扔东西、推、抓、搡、扇耳光、踢、咬、打……

严重侵犯行为：超过中度侵犯的行为——暴打、用枪威胁……

“亲密伙伴暴力一般都发生在丈夫这方，妻子一般不会实施亲密伙伴暴力行为。”这是人们关于亲密伙伴暴力的认识误区之三。施特劳斯的研究显示百分之十二点一的丈夫在过去半年中实施过暴力行为，也有百分之十一点六的妻子承认实施过暴力行为。不过需要注意的是，妻子对丈夫的暴力和丈夫对妻子的暴力有着完全不同的文化含义，因为它们产生的后果不同。比如妻子会愿意承认扇了丈夫一耳光却不愿意承认被丈夫扇了一耳光。也就是说，男人和女人做了同样的行为，其产生的后果是不同的。

“亲密伙伴暴力只发生在已婚伴侣之间，不会发生在恋爱中的情侣之间。”这是人们关于亲密伙伴暴力的认识误区之四。人们普遍认为要是没结婚，就不会忍受亲密暴力行为的伤害。实际上，同居伴侣之间的亲密暴力程度比已婚伴侣间的亲密伙伴暴力要严重很多，是最严重的亲密伙伴暴力行为。不同居的恋爱伴侣之间的亲密暴力程度相比较而言在三者中最轻。至于为什么会这样，原因很复杂且多样。

1994 年，社会学家迈克尔·约翰森（Michael P. Johnson）通过对被殴妇女的调查研究发现，亲密伙伴暴力包含着两种截然不同的暴力行为，即普通伴侣暴力和亲密恐怖行为。

普通伴侣暴力是指深爱对方的伴侣对怒气的不妥善处理、争吵时发生的行为。它是双向的、反作用的，是一方生气时不理智的所作所为。

普通伴侣暴力是一种情绪失控下的暴力行为，是人们激烈争吵时、沮丧时的暴力。说它普通，不是真的普通，而是普遍存在的意思，它也具有危险性，也可能是致命的。普通伴侣暴力与药物滥用紧密相关。它是双向的、反应性的、情绪化的失控行为，使口水战变成了肢体战。

当伴侣出现普通伴侣暴力时，他们会意识到暴力问题不是最主要的问题，而是其他问题。百分之六的寻求婚姻治疗的妻子说是因为暴力问题，但是这些妻子中的百分之五十六认为她们的婚姻存在暴力是因为伴侣关系出了问题。每次暴力都是出现在争吵之后，那个争吵的问题才是核心问题，是情绪失控、沟通不畅，而非暴力本身。研究跟踪四年的新婚伴侣发现，新婚伴侣中的暴力行为是离婚的重要先兆。四年后，没有暴力的百分之六十二的伴侣维持着婚姻。中度暴力的婚姻和不暴力的差不多，最终有百分之五十四的伴侣维持着婚姻。他们的婚姻同样幸福。而存在严重暴力的伴侣只有百分之零点七维持着婚姻。不过暴力婚姻的幸福是非常脆弱的幸福，很难维持长久。

亲密恐怖行为是以制造恐惧为目的、想要控制伴侣的欲望所驱动的、策略性的、系统的、持久的主动性暴力行为，包括肢体暴力、语言辱骂、心理虐待、性虐待、经济和社交控制以及威胁恐吓等暴力行为。

亲密恐怖行为有肢体虐待，也有精神虐待。它是一种以恐惧、控制为目的的暴力行为，是策略性的，与愤怒等情绪无关，而是控制，有很多方法的控制性行为。沃克在研究中发现亲密恐怖行为紧紧围绕“权力”和“控制”进行，殴打者通过一系列不同行为实现对受害者的控制。比如：

1. 经济虐待：确保你没有工作，拿走你的钱、工资卡、银行卡，控制你的财产，控制你的消费。

2. 情绪虐待：让你觉得自己很没用；让你觉得没 TA 不行，

越使你相信你依赖TA才能生活得好越好控制你。

3. 孤立：控制你见谁、跟谁说话、给谁发短信和邮件，查你的通话记录，确保你没有别人的帮助，越是没有人帮助你越好控制你。（社交孤立）

4. 恐吓：威胁你TA会怎么做，要是你试图离开，TA就杀了你们的孩子或自杀。

亲密恐怖行为是一种非常危险的暴力行为，其产生的后果非常严重：肢体伤害、心理问题、创伤后应激障碍、孤立、经济困难、死亡。迈克尔·约翰森通过多年的观察和研究，分析了亲密关系中伴侣暴力行为产生的原因和被殴一方没有选择离开的原因。

一、男人为什么殴打妻子？

男人对妻子施暴的原因涉及复杂的心理、情感、社会和文化因素。家庭暴力是一种行为模式，通常是为了控制或支配伴侣，而施暴者的动机和背景可能各有不同，以下是一些可能的原因。

1. 控制欲和权力需求

许多施暴者的行为核心是对权力和控制的需求。他们希望通过暴力手段来维持对伴侣的绝对控制，甚至可能认为这是一种自然的关系方式。在这些关系中，施暴者常常试图操控妻子的行为、思想和情感，让她们感到依赖和无助。

2. 社会文化因素

在某些文化或社会环境中，传统的性别角色和男权观念可能被强化，这使得一些男人认为他们应该在婚姻中拥有至高的权威。这种观念可能导致他们使用暴力来巩固这种权威，特别是在他们感到自己的地位受到威胁时。

3. 情感控制和不安全感

有些施暴者因为自身的情感不安全或自卑而诉诸暴力。他们可能感到对伴侣的控制是维持关系的唯一方式，担心失去对方或认为对方不忠从而施暴。嫉妒心、占有欲和不信任可能促使他们使用暴力来处理自己的不安。

4. 心理和情感问题

施暴者常常有未解决的心理问题，如愤怒管理问题、冲动控制障碍、抑郁或焦虑。有些人经历过童年时期的暴力，自己成长在暴力的环境中，潜移默化中将暴力视为应对冲突的一种方式。

5. 酒精和药物滥用

酒精和药物滥用是家庭暴力的重要诱因之一。许多施暴者在醉酒或药物影响下失去控制，情绪波动更大，更容易表现出暴力行为。虽然这些物质本身并非暴力行为的直接原因，但它们可以放大已有的暴力倾向。

6. 愤怒和挫折

施暴者可能因为生活中的压力（如工作、经济困难、人际关系问题）感到愤怒和无助，最终将这些挫折发泄在伴侣身上。这种暴力行为可能是他们应对挫折的一种方式，尽管这种方式是极其错误和有害的。

7. 缺乏冲突解决能力

有些男人缺乏有效的冲突解决能力，不能进行有效沟通和表达，不能以建设性方式处理家庭中的矛盾和争执。当他们感到情绪失控或无法解决问题时，暴力成为他们唯一能想到的解决方法。

8. 社会和家庭暴力的传递

研究表明，经历过家庭暴力或在暴力环境中成长的人，可能会将暴力行为模式带入成年生活。如果一个男人在成长过程中看到父亲或其他男性对女性施暴，他可能会在潜意识中将这种行为视为正常或可接受的。

9. 性别不平等

性别不平等和对女性的贬低态度是施暴者常见的心理根源。认为女性是低人一等或是应该服从男性的观念，使得一些施暴者在婚姻中以暴力手段对待妻子，将其视为一种维持家庭秩序的方式。

10. 未解决的童年创伤

一些施暴者可能在童年时期经历过身体或情感上的创伤，这些未解决的情感伤害会影响他们成年后的行为模式。他们可能没有学会如何以健康的方式表达愤怒、恐惧或悲伤，最终导致在成年后将这些情感外化为暴力行为。

11. 不尊重伴侣的界限

施暴者往往缺乏对伴侣独立性和个人界限的尊重。他们不认为妻子有自主权或者情感上的平等，因而对伴侣的任何反抗、意见或自主行为都感到威胁，进而使用暴力进行压制。

12. 对伴侣过高的期望

有些施暴者对妻子抱有不现实的期望，认为妻子应该完美无缺，满足他们的所有需求。当这些期望无法实现时，他们可能会对妻子失望并发怒，以暴力的方式表达不满。

二、被殴妇女为什么不离开?

不离开施暴者的原因非常复杂，涉及情感、心理、社会和经济等多方面的因素。以下是一些常见的原因。

1. 情感依赖和爱

尽管经历了暴力，很多女性依然爱着施暴者。她们可能记得施暴者曾经的好或者感情深厚的一面，希望施暴者能够改变。此外，施暴者往往会在施暴后表现出悔意，甚至道歉和承诺不再暴力，受害者因此可能寄希望于关系能够改善。

2. 恐惧

施暴者可能使用威胁来控制受害者，威胁说如果受害者离开，自己会加剧暴力，甚至伤害受害者或她的亲人。很多女性害怕暴力升级，特别是如果施暴者表现出极端的控制欲，受害者可能会感到自己无法安全地离开。

3. 经济依赖

很多妇女经济上依赖施暴者，尤其是在她们没有固定收入，处于失业状态或者负责照顾孩子的情况下。离开施暴者意味着失去经济支持，可能导致生活上的困境，特别是在她们缺乏社会保障或经济独立的情况下。

4. 社会和文化压力

在某些文化背景中，女性被期望保持婚姻，维持家庭完整，即便在面对暴力的情况下。社会对离婚女性存在偏见或歧视，受害者可能担心被社区、亲友甚至家人孤立或指责。

5. 对孩子的担忧

很多女性选择留下是因为担心离开后孩子的生活状况。她们可能担心失去对孩子的监护权，或害怕孩子因此受到伤害。有时，施暴者也会利用孩子作为威胁手段，恐吓受害者不要离开。

6. 自尊的削弱和心理控制

长期的家庭暴力往往伴随着心理控制，施暴者可能通过言语暴力贬低受害者的自我价值，使她们觉得自己无能、无价值，离开后无法独立生活。受害者的自信心被长期摧毁，逐渐对自己失去信心，怀疑自己是否有能力脱离施暴者。

7. 缺乏支持

很多妇女感到孤立无援，尤其是在她们的亲人、朋友甚至社会系统没有提供足够的支持时。受害者可能不知道如何寻求帮助，或害怕求助会让情况更糟。有时候，她们甚至会怀疑他人是否会相信她们的经历。

8. 法律和制度的局限

在一些地方，法律保护和制度支持不足，即使女性选择离开，法律可能也无法及时提供足够的保护措施，例如人身保护令、住房援助或法律援助。有些女性即便求助于警方或社会服务机构，也未能获得足够的帮助，导致她们难以逃离暴力的环境。

9. 施暴者的操控手段

施暴者往往会在暴力和悔过之间切换，以“蜜月期”的方式留住受害者。施暴者可能会时不时表现出关心、悔恨，甚至用物质或情感上的补偿暂时安抚受害者，令她们觉得情况可能有所好转。

10. 低估暴力的严重性

有些妇女可能不认为所经历的暴力足够严重，尤其是如果暴力是非身体性的（如语言暴力、经济控制）。她们可能会觉得自己能够应对，或者不认为暴力会发展到危及生命的地步。

三、女人为什么殴打丈夫？

女性施暴者殴打丈夫的原因同样复杂，涉及心理、情感、社会和文化等多方面的因素。尽管社会上通常更关注男性对女性的家庭暴力，但女性对男性的暴力行为也是现实存在的。以下是一些可能导致女性对丈夫施暴的原因。

1. 控制欲和权力需求

一些女性通过暴力行为试图控制和支配她们的丈夫，类似于男性施暴者。这种行为可能源于她们对权力的需求，试图通过控制伴侣来获得自我价值感或情感上的安全感。

2. 应对过去的创伤

一些女性可能在成长过程中经历过创伤，尤其是曾经是家庭暴力的受害者，导致她们在成年后的关系中以暴力的方式回应冲突。这种暴力行为可能是她们未解决的心理创伤的表现。

3. 情感不安全感和嫉妒心

和男性施暴者一样，某些女性施暴者也可能因情感上的不安全感或嫉妒而采取暴力手段。她们可能对伴侣的忠诚感到怀疑，或者担心失去对方，因此试图通过暴力行为保持对关系的控制。

4. 愤怒和挫折

有些女性可能因生活中的压力、挫折或情感问题感到愤怒或无助，并将这些情绪转嫁到丈夫身上。她们可能感到被忽视、不被尊重，最终通过暴力行为发泄这些情绪。

5. 冲突解决能力的不足

就像男性施暴者一样，部分女性可能缺乏有效的冲突解决技巧和情绪管理能力。当遇到婚姻或家庭中的矛盾时，她们可能选择以暴力方式来应对，因为她们不懂得如何通过沟通解决问题。

6. 心理健康问题

有些女性施暴者可能存在未诊断或未治疗的心理健康问题，

如抑郁、焦虑、人格障碍或创伤后应激障碍（PTSD）。这些心理问题可能会导致她们情绪失控，从而引发暴力行为。

7. 自我防卫

在一些情况下，女性的暴力行为可能是为了自我防卫，特别是在她们长期遭受丈夫的暴力、操控或虐待时。这类暴力行为通常是反应性的，目的是保护自己免受进一步的伤害。

8. 酒精和药物滥用

酒精和药物滥用也会导致暴力行为。某些女性在醉酒或药物影响下失去自我控制力，导致暴力行为的发生。虽然物质滥用并非暴力的直接原因，但它可以放大潜在的暴力倾向。

9. 权力不平等的反应

在一些文化或家庭环境中，女性可能长期处于权力不平等的关系中，当她们积累了足够的挫折感时，可能会通过暴力行为来宣泄这种不满。这类暴力有时是对长期压抑的反应，试图通过暴力来对抗长期的压迫感。

10. 性别角色的倒置

虽然传统观念中男性通常是施暴者，但在某些家庭中，性别角色可能发生倒置，女性成为家庭中的主导者和控制者。她们可能通过暴力来维护这种主导地位，尤其是当她们感到自己权威受到挑战时。

11. 社会压力和生活困境

部分女性施暴者可能因生活中的巨大压力而失控，例如经济困境、工作压力、家庭负担等，这些压力可能在家庭关系中激化，导致她们通过暴力来宣泄情绪或试图控制局势。

12. 缺乏对伴侣的尊重

有些女性施暴者对丈夫缺乏尊重，可能将伴侣视为情感或生活上的出气筒。这种缺乏尊重的态度使她们在愤怒或失望时更容易动用暴力。

13. 社会与文化因素

社会和文化中的某些因素也可能促成女性施暴行为。例如，在一些环境中，女性可能感到自己的情感需求长期未被重视或满足，从而通过暴力手段表达这种情感压抑。

四、被殴男性为什么不离开？

家庭暴力中的受害者通常会受到情感、心理、社会等多方面的困扰。被妻子殴打的丈夫在性别角色的影响下选择不离开的原因更加复杂。以下是一些可能的原因。

1. 情感依赖和爱

很多受害者仍然爱着施暴者，尽管经历了暴力。他们可能希望伴侣能够改变或者相信暴力只是暂时的情绪失控。此外，长时间的情感投入使他们难以割舍这段关系。

2. 羞耻感和社会压力

男性在传统观念中被认为应该是强壮和有力量的，因此男性对被家庭暴力伤害往往感到羞耻或尴尬，不愿意承认自己是受害者。他们可能害怕被他人嘲笑，认为承认自己被妻子殴打是对男子气概的伤害。

3. 对家庭的责任感

有些丈夫不愿意离开是因为他们感到对家庭和孩子有责任。他们可能担心离开会导致家庭破裂，或者害怕失去与孩子的联系。

4. 对改变的希望

很多受害者会相信施暴者会改变，特别是在施暴者道歉或表示悔意之后。施暴者可能会承诺不再使用暴力，而受害者则希望他们的伴侣能够真正改变，从而继续维持婚姻。

5. 经济依赖

有些男性可能在经济上依赖于伴侣，特别是在他们收入较低或失业的情况下，离开意味着他们可能失去经济来源或面临生活上的困境。

6. 缺乏支持和资源

男性受害者在社会上可用的支持资源相对较少，很多帮助机构通常面向女性，因此男性受害者可能感到孤立无援，难以寻求到适当的帮助。此外，他们可能不知道如何离开或者害怕离开后面临的生活挑战。

7. 害怕冲突升级

有些受害者担心如果他们试图离开，暴力会升级。施暴者可能会威胁或实施更严重的暴力，尤其是在受害者提出分手或离婚时。

8. 自尊和自我怀疑

经过长期的暴力和操控，受害者的自尊可能被摧毁，他们会开始怀疑自己是否真的有能力独立生活或是否值得被尊重和爱护。施暴者可能会通过言语或心理控制，让受害者感到自己离开后无法独自生存。

综上所述，普通亲密暴力可以修复，比如控制愤怒、提高沟通能力、进行婚姻治疗。而亲密恐怖行为则无法修复，唯一的做法就是帮助受害者逃跑、离婚。

第九章
建立合理的预期

怀着美好的期待，抱着最坏的打算，随时为惊喜做好准备。

——丹尼斯·韦特利

一、情感认知

（一）情感认知研究的重要性

（1）伴侣行为研究的前提假设是每个行为都有其意义，而且这意义是行为内在固有的。因此在一段关系中，伴侣的行为无论是有利于这段关系还是有害于这段关系，关系的好坏都是由该行为本身决定的。

（2）事实上，行为是有歧义的。同样的行为，有的人认为它是积极的，有的人认为它是消极的。比如电影《非诚勿扰 2》里性冷淡女和秦奋关于性生活次数的对话，性冷淡女认为性生活一年一次也可以，而秦奋认为完全不能接受。也就是说，同样的行为对于不同的人可能有着完全不同的意义。

（3）亲密关系中的意义一部分来自行为本身，一部分来自处于亲密关系中的人如何理解、解释这些行为。在亲密关系的反应过程图中（如图9－1所示）人们可以清晰地看到，伴侣一方对另一方行为的反应之间存在着一个过滤机制，从行为产生到行为的解读、回应，双方的动机、需要、目的和恐惧形成的过滤机制起着至关重要的解读作用。

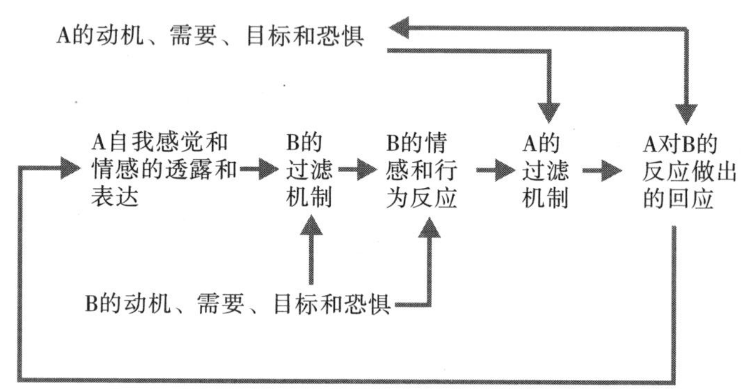

图9－1　亲密关系的反应过程图

注：图片内容来自加州大学洛杉矶分校《家庭与夫妇心理学》。

（二）情感认知的三个层次（Fletcher，2002）

（1）社会行为的普遍性认识和价值观。

（2）亲密关系的普遍性认识和价值观。

（3）个体对亲密关系的特定认识和价值观。

一个人对社会行为和亲密关系的普遍性认识是影响其处理人际关系的底层逻辑，在建立亲密关系的时候，一定要先了解这个人对社会行为和亲密关系的普遍性认识，当二者都和自己关于社会行为、亲密关系的认知相契合时，再去了解TA个体对于亲密关系的特定认识，这样建立起来的亲密关系的安全感和幸福感就会得到最大程度的保障。

（三）情感认知的作用

谈恋爱、结婚之前，人们通过小说、电影、故事、流行歌曲、各种媒体以及身边熟悉的人了解了一些关于亲密关系的信息，即使从未有过亲密关系，也已经预先有一些认知。当人们有了自己的感情体验后，关于亲密关系的认知得到进一步丰富、提升，这对建立、评估、发展自己的亲密关系起着非常重要的作用，具体主要表现如下：

（1）有助于人们理解和解释世界。当人们试图解释他人的行为时，通常凭借自己的情感关系理论、自己的看法去评估一段关系的好坏。

（2）可以用自己的认知去评估和预测一段关系的发展方向和未来。

（3）可以用自己的认知去规范和塑造彼此在亲密关系中的行为。

由于人们关于亲密关系的预期、行为或理解大部分都是受认知影响的，所以建立亲密关系理想模型就显得尤为重要。

二、建立理想标准模型

建立亲密关系的理想模型可以帮助人们认识自己亲密关系的好和坏。人们可以用预先建立的情感认知和价值观与自己的现状去比较，即用自己的理想和标准做比较，衡量自己在亲密关系中的获得。从某种意义上来说，理想标准模型是社会交换理论的延伸。

费莱彻和基宁蒙斯（1992）在关于性满足和亲密关系满意度的研究中发现，在一段关系中，性的重要程度从一到七进行打分，一个人的理想标准究竟是什么决定了其亲密关系的发展以及亲密关系中的幸福感和亲密度。他们在研究中发现：

当性很重要时，和谐的性关系与亲密关系满意度的相关性达到了零点四八，性对亲密关系的影响非常大。

当性不重要时，性关系与亲密关系满意度的相关性是零点零四，性对亲密关系的影响就很弱，而伴侣之间的陪伴、沟通、依恋显得非常重要。

实验证明，理想标准模型决定了人们如何应对某段关系中的特定体验，如果那些特定的体验符合自己的理想标准模型，人们就会非常高兴，反之则会非常伤心或失望。

三、错误的期待和建立合理的预期

1. 错误期待一：分歧是毁灭性的

破坏性观念：当人们和伴侣吵架时，会让自己对这段关系失去希望；当与伴侣无法交流时，就意味着这段关系不好，或如果和伴侣吵架，就说明这段关系很糟糕。

合理预期：有分歧才是正常的。

2. 错误期待二：读心被认为是理所当然的

破坏性观念：

（1）你是我老婆/老公，就该懂我的心思、理解我、关心我，你都不懂我，我要你干什么？

（2）你能够了解我的想法，即使一个眼神。

（3）你应该知道我为什么生气。

（4）为什么要真诚交流呢？证明你对我不用心，对我不够关注。

（5）你不懂我的心思，证明我们的关系有问题，证明你不是那个懂我的人，证明我嫁/娶错人了……

合理预期：坦诚交流，说出你的想法是亲近对方的唯一方法。

3. 错误期待三：性完美主义

破坏性观念：每次做爱都应该心满意足，如果不是，是不是我们关系出了问题？你是不是不爱我了？你是不是不像当初那么爱我了？

合理预期：性重要，但要和伴侣交流。调整自己的理想和标准，建立合理的预期。和谐的伴侣对于自己关系的定位会随着时间的推移、时间的改变而改变，不断调整自己的标准。

4. 错误期待四：男人和女人在根本上是不同的

破坏性观念：男人和女人的交流方式完全不同。女人大多都是不讲道理的、情绪化的。

合理的预期：人们的信念会改变自己对特定体验的应答。如果你相信男人来自金星、女人来自火星，那你就会觉得男女的差异太大了；如果你认为男人、女人都是人，都有喜怒哀乐、正常的需要，你就会更加主动地去和 TA 交流，了解 TA、认识 TA、关心 TA。

请记住，用人性的弱点去解读曾经的错误，而不是人格的论断。更何况负面的经历不会消失，而会叠加，请学会用积极的态度解读对方。

5. 错误期待五：亲密关系是固定不变的

破坏性观念：爱是永恒的、永远不变的，否则你就不是我的灵魂伴侣，你不再爱我了。

合理预期：亲密关系是发展变化的，不是一成不变的，是需要用心经营的，绝对不能顺其自然。彼此的能力是有限的，所能解释的东西有限，要学会调整自己的预期。如果你认为人会成长、改变、不断成熟，那你对伴侣性格的感知在你的满足感中就不那么明显，因为你觉得“我知道我的爱人有不足之处，但他/她在成长，在改变，我们会共同努力的”。

四、预期对亲密关系的影响

1. 情感认知决定了人们的体验，影响了人们的反应以及预期

人们倾向于看到自己期望看到的，比如自尊心低的人感受到另一半喜欢自己的程度要低于伴侣对他们真实的喜欢程度，而自恋的人又会高估伴侣对自己的喜爱度和包容度。

2. 行为强化：自我预言的实现

一个人的预期决定他/她如何对待他人。如果 TA 预期对方会对 TA 好，TA 也会用善意、友好、坦诚的方式对待对方；如果 TA 用善意、友好、坦诚的方式对待对方，对方还会对 TA 更好，就会强化 TA 的预期。人们的预期不仅仅影响着人们的反应，而且会改变人们的行为。

3. 固定吸引

当人们被头脑中的变化吸引时，事物本身已经背离了其初衷。人们通常是可以选择其赋予行为的意义的，同一行为，关系状态不一样时解读不同。（人们偏爱那种支持和增强积极一面的信息。朋友或家人有时比自己看得更清楚自己和伴侣的关系。）

4. 利己倾向

谁挑起的吵架？反正不是我！哪个蛮不讲理？肯定不是我！

5. 确认查证

人们想让伴侣了解自己，但是当 TA 不了解自己的真实想法

却自以为是地认为很了解自己时就会生气，自己是对对方的自以为是生气，而不是因为 TA 不了解自己而生气。

人们不断地自我确认，就是想让伴侣知道无论自己有多不好，TA 都会理解自己、了解自己、爱自己！在考虑分手或离婚的伴侣会不断考虑自己该怎么做。如有时候伴侣对自己说“我太了解你了”，很多人听到这句话为什么反而觉得烦或者生气呢？因为自己觉得对方根本就不懂自己。

总的来说，情感认知对人们建立亲密关系的理想模型和预期非常重要，在提高情感认知的同时，要调整那些影响亲密关系发展的破坏性观念，建立合理的预期，努力经营好自己的亲密关系。特别需要提醒的是，由于自尊心低的人会低估伴侣对自己的评价和喜爱，所以在建立合理预期时要在切合实际的情况下建立自己的理想标准和预期，不能过低，也不能过高，并且，预期要在亲密关系的不同阶段随着关系的发展变化而不断调整。

第十章
双赢的沟通——误读与角色

爱情本来并不复杂，来来去去不过三个字，不是“我爱你”“我恨你”，便是“算了吧”“你好吗”“对不起”。

——张爱玲

在亲密关系中，宽恕是经常被人们提及的。为什么需要宽恕？如何去宽恕？要解决这些问题就需要认识一个特别影响亲密关系的重要因素——误读。大多数时候，伴侣的行为未必有相应的特殊意义，如果伴侣之间的行为模棱两可或者可能产生某种歧义时，就需要彼此去理解各自的行为，理解不同，解读不同；情绪不同，解读也不同，这些不同就很容易产生误读。

一、误读产生的背景

（一）创造行为意义的重要性

如果行为会产生歧义，那么人们就需要为这些行为创造某种意义。比如在情人节的时候，男友送了女友一个“5.20”的红包。看见“5.20”这个数额，女友很吃惊，甚至有些生气，认为男友在试探自己。女友甚至认为，难道男友觉得自己只值5.20元？男友解释“5.20”表达的意思却是“我爱你多一点”。因此，人们经常会用自己已有的情感认知去解读某些特别的行为。当一件事超出了自己的情感经验时，很大程度上会产生误读行为。

（二）行为的普遍性 VS 特殊性

在亲密关系中，不同的文化和人生阅历对某些行为的认知是不同的。比如拥抱，在欧美国家普通关系的男女之间拥抱是非常普遍的行为，但是在一些对男女界限比较严格的区域，普通关系的男女是不能拥抱的，只有亲密关系中的男女才能拥抱。所以，行为的普遍定义会受其所在地区文化的影响，不同文化对于同样的行为都会产生不同的定义。

（三）行为解读能力

解读行为意味着一个人特殊的经历和某个行为特定的普遍意义的联结。也就是说，解读是人们把一个人的具体经验和这个行为特别的广义理解联系在一起的行为，它对于两个人亲密关系的发展起着非常重要的作用，甚至是决定性的作用。

（四）行为意义选择能力

大多数时候，伴侣对如何理解行为的意义及其所做之事的意义是可以选择的。情绪和理性影响着人们日常生活中行为意义的选择，人们只有在冷静和理性的情况下才能去分析对方行为的目的、动机、需要和恐惧，才能选择有利于其亲密关系发展的行为意义。也就是说，在理性的支配下，伴侣是可以选择其行为赋予的意义的。

二、误读产生的模式——固定吸引

由于对行为的解读常常受限于人们在亲密关系中已有的知识、经验、认知范畴，伴侣之间想要进行良好的沟通，就必须细致深入地了解伴侣行为暗含的意思。为此，戴安娜·费木丽做了一系列关于同一行为解读其意义选择差异和变化的研究，即亲密关系中的固定吸引模式。比如：

（1）例1：丈夫说话少这一具体行为在亲密关系的不同阶段或者在不同的妻子眼中可以解读成不同的意义。在关系的甜蜜期或者亲密期“他说话少”是因为他是个内敛含蓄的男人，这恰好就是“我”喜欢的类型。在关系的疏离期或者绝望期，“他说话少”就很大程度上会被解读为因为他不想和“我”说话了，他已经不爱“我”了。

（2）例2：丈夫或妻子今天很冷淡，很少说话。和例1相同，人们可以把TA的行为解读成TA今天可能遇到什么烦心事了，“我”就是喜欢TA冷傲的样子。也可以解读为TA一点都不顾及“我”的感受，遇到什么事情又不讲，就那么不愿意和“我”说话，不知道整天拉着个脸做什么……

（3）妻子很直率和随性。与例1和例2相同，人们可以因为她的热情而被吸引，后来恰好也是因为她的不可捉摸、率性而为或混乱无序而分手。

这些解读信息都是从行为中推断出来的，绝大部分伴侣都没有意识到自己对配偶的信息解读会随着时间和关系的发展发生变化，更没有意识到自己解读信息的局限性和解读信息时需要的灵活性。自己当初最喜欢对方的特质是什么？后来最讨厌对方身上的特质又是什么？自己觉察到这种变化了吗？戴安娜的研究发现，伴侣之间当初最吸引对方、最喜欢的特质和后来最讨厌的特质竟然是平行存在着的，当初他们彼此最喜欢的特质后来恰好成了问题所在，所有的变化其实都是他们所赋予的行为意义或行为意义的选择造成的。也就是说，伴侣的行为本身没有发生什么变化，但是伴侣对同一个人的同一行为在关系的不同阶段行为意义的解读或选择有可能是不同的。

当人们被自己头脑中的变化吸引时，事物本身已经背离了其初衷，所想的事很难保持它们在关系中相关具体经验的基本意义而不发生改变，但是不变的是那些具体经验会不断改变事物的意义。这些意义至关重要，因为人们正是基于这些自己理解的意义所产生的感情和行为，也才会明白自己为什么会在那一刻选择某一意义而不是另外一种或其他什么，这取决于自己当时的目的、动机和需要。

三、解决误读的方法

1. 动机分析

相信伴侣最好的动机，从积极的角度去解读对方的行为。

2. 客观分析

询问朋友和家人的看法，因为恋爱中的伴侣会高估他们彼此的关系，反而家人和朋友的分析较为客观。

3. 增强性倾向

人们对于恋爱关系和婚姻关系中的信息判断（信息确认）倾向是不同的。恋爱时很容易因为一些冲突而冲动分手，在婚姻关系中，人们会用积极的态度去解读婚姻中的矛盾和冲突，相信自己一定会过上幸福的生活，从而选择正向解读伴侣的行为。在令自己快乐和不快乐的行为意义解读选择中，已婚伴侣比未婚情侣更容易选择增强性保护的那一个行为意义，也就是正向意义解读。

4. 确认性倾向（确认查证、信息诊断倾向）

与增强性倾向选择相对的一种行为解读方式。消极、自卑的人或偏执、固执的人往往会根据自己的偏好去选择解读伴侣的行为，即自我确认。研究发现，在亲密关系确认的信息诊断关键时期（比如在决定结婚或者分手、离婚的关系转折点时期），人们往往会容易用确认性倾向去解读伴侣的行为。避免确认性倾向的办法就是询问关于伴侣的问题：伴侣的三个优点是什么？最让自己开心的事情是什么？伴侣的三个缺点是什么？最让自己无法忍受的事情是什么？值得注意的是，自信、积极的人会正确、客观解读伴侣给出的答案，而自卑、消极的人以及偏执、固执的人会根据自己的预设答案去筛选信息，而不是或无法面对真实信息。

5. 利己倾向

当伴侣在分歧发生后用“咀嚼”的方式反思分歧、争吵产生的原因时，大多数伴侣会认为是对方挑起的矛盾和冲突。“反正不是我”，谁都不愿意承认是自己造成了伴侣的痛苦，是自己让彼此的关系变得不舒服，甚至不亲密。研究发现，行为解读过程中的利己倾向往往把自己置于关系之上，最容易导致关系的变质和破裂。

6. 选择性注意倾向

关系良好的伴侣会忽略对方的缺点，不再注意身边的诱惑，但是并不会贬低诱惑的吸引力，而是对自己和伴侣心满意足。他们立足于一点，不管发生任何事情，都不能影响彼此之间的亲密关系。基于这样的前提去解读伴侣彼此之间的行为，把自己置身于消极信息之外，控制自己不要在消极的事情上过多消耗自己和伴侣的精力。而关系不好的伴侣会放大对方的缺点，特别容易被身边的诱惑吸引。

7. 设身处地的同理心倾向

自己什么时候才能真正了解伴侣的所思所想？自己该怎样真正了解伴侣的感情？研究发现，如果伴侣想的是一些关于对方的积极想法，人们能更准确地解读到伴侣的信息。反之亦然。

8. 记忆偏见

根据克尔尼和弗莱（2002）四年的追踪研究发现，伴侣的开心程度随着时间推移在递减，大多数伴侣认为过去比现在快乐。而那些认为自己一直开心的伴侣觉得夫妻关系变得越来越好，是因为他们认为遇到一点不开心的事情是很正常的，不用老是记在心上（其实这个时候快乐伴侣已经无意识地使用增强性倾向解读伴侣对自己造成的伤害性行为了）。

研究发现，当伴侣发生争吵或伤害性行为而又无法对发生过的分歧视而不见时，快乐、幸福、和谐的伴侣会最大限度地忽略负面信息，具体体现在三个方面：一是灵活性的标准，随着时间的推移，幸福的伴侣关系标准也会随之变化和调整。二是减损替代，相似于选择性注意倾向，用伴侣吸引自己的优点去面对可能发生的诱惑，减少关系威胁。三是适应属性，用适应性的解释去解读伴侣的负面行为。特别是面对一些看来没有调解余地也不可能被忽略的错误（如出轨）时，伴侣会做出适应属性的解读，最大限度地降低伴侣负面行为对关系造成的影响。比如希拉里为克林顿与莱温斯基的性丑闻做出的行为解读。事件发生后，不管出于什么原因，希拉里非常坚定地继续这段婚姻关系。她说："家家都有一本难念的经，当你爱一个人的时候你不会选择离开，你会帮助他。他是一个非常非常好的人，我们相伴多年，互相扶持，关系非常不错。特别是在我们信仰的基督教教义中，每个人都有很多原罪，比如弱点和恶意。他不是恶意的，这是他人性的弱点。"

值得注意的是，当人们觉得一段关系很可能结束时，往往还有很灵活的调整空间。当人们已经尽力去忽略关系中的负面行为，为什么很多伴侣还是熬不过失望和痛苦而选择分手或者离婚呢？究竟是什么决定着伴侣关系的变化？那就是能力、目的和动机。因为每个人的能力有限，所能解释的东西也非常有限。负面经历不会消失，而会叠加，当这些叠加累积到一个极值，超过了自己最小化的能力以致自己无法承受时，人们就无法原谅了。还有，经历那么多分歧以后，需要太多精力去解决生活中的负面行为，不能光自己设想着一段良好的关系，得综合考虑很多因素，当很多事情超过自己能力的界限时，关系已经发生很大变化了。另外一个影响伴侣关系变化的重要因素就是目的和动机。亲密关系中每个人最在意的目的和动机是不同的，如果负面经历没有影响到那个自己最在意的动机（幻想破灭）时，人们可以选择忍耐，否则就会选择离开。还有，人们在关系中的依赖程度也和目的、动机息息相关。人们对一段关系的依赖程度越高，做选择的时候自己的动机越大、目的越明确坚定；反之，关系的依赖程度越低，选择能力越高，可以替代的人越多，自己就不会那么积极地在一段关系中做到最好，去巩固一段关系的动机就越小。最后，跟动机紧密相关、影响人们行为变化的就是承诺校正。如果人们在一段关系中受到的威胁较多、风险较大，就很难去客观评价伴侣身边的美女和帅哥。如果人们非常满意自己的伴侣关系，觉得自己是安全的，无论伴侣身边出现什么样的男男女女，承诺校正都会促使人们去客观评价这些男女，所以亲密关系中伴侣的猜忌心也和承诺校正有关。

四、角色与沟通

在亲密关系的沟通交流过程中，解决了误读后，另一个非常重要的事项就是根据身份—规则—能力的职责要求分清楚伴侣在亲密关系中的责任和角色。由于不同的婚姻模式和婚姻目的会约定不同的夫妻、父母角色，这里只做中国传统婚姻模式、西方传统婚姻模式和现代婚姻模式三种模式的夫妻、父母角色分析。

（一）中国传统婚姻模式中的夫妻、父母之岗位职责

1. 丈夫的岗位职责

“男不言内，女不言外”的男子主外女子主内原则，主外事务指管理好宗族的延续和祖先的祭祀，为了使祖先能永享血食，故必使家族永久延续不辍。

2. 妻子的岗位职责

女子出嫁便是脱离父宗加入夫宗的行为，只为夫家负责。“男不言内，女不言外”的男子主外女子主内原则，主内事务指育婴、烹饪、浣洗、缝纫及指挥仆妇丫鬟洒扫清洁一类的工作，其中包括妻对夫的服侍。丈夫授权给妻子之家事管理权和财产权，妻子只有行使权，并无自由处分权及所有权，她只在指定的范围内被授权代理而已，必须对夫负责，越权的处分除非经过追

认，否则是无效的。

3. 父亲的岗位职责

拥有家庭中至高无上的管理权和财产分配权，以及子女的教养权和主婚权。

4. 母亲的岗位职责

母权和妻权一样都要受到父权的节制，对父权和夫权负责。在母权方面最明显的是丈夫授予的子女的教养权和主婚权。

（二）西方传统婚姻模式中的夫妻、父母之岗位职责

1. 丈夫的岗位职责

（1）做丈夫的要做头，爱妻子并为她舍己。

（2）丈夫是妻子的头，既要主内也要主外，家里大大小小的事情都是听从丈夫的决定和安排。丈夫既是领导，要承担家庭的责任，也是仆人，必须服侍好家庭和妻子，做妻子感兴趣的事情，为妻子服务是做丈夫的荣幸。

（3）丈夫要爱妻子，爱妻子就是爱自己，要把妻子的需要放在自己之上。知道赞美是女人的维生素，要学会赞美妻子，凡事说好话，关心了解妻子的需要。

2. 妻子的岗位职责

（1）敬重丈夫得到祝福。因为敬重是丈夫内心深处的需要，不是因为他配得，而是因为他需要，而且是男人心里最深处的需要。妻子敬重自己的丈夫，成全他的需要。

（2）顺服丈夫，良性互动且甘心乐意。尊重丈夫的决定，给予其安全感。

（3）做好丈夫的帮助者。成为丈夫的陪伴者和心灵的朋友，成为丈夫最亲密的朋友，成为丈夫最可信的人，成为能建造丈夫

的人。

3. 父亲的岗位职责

教育孩童行在正道上，至死也不偏离。

（1）管理者

①管理者管理自己、自己的情绪，然后管理自己的家，使儿女端庄顺服。

②给儿女清楚的规则：有分明的赏罚及预先警告，使儿女逐渐养成自我节制的好习惯。

③教导儿女如何交友、如何管理钱财等。

（2）牧者

①安慰鼓励儿女以使他们朝正确的人生方向前行。

②引导儿女认识善，有正确的是非观念，形成他们自己的信仰。

③陪伴儿女促使他们自己去经历善恶以及是非。

④进入儿女的世界，把握时间，陪伴孩子。父母既要融入孩子的休闲世界，也要让孩子进入父母的世界，随时随地表达无条件的接纳。

（3）榜样、模范者

①让儿女感染有信仰、向善的生活方式，无条件地接纳和包容儿女们的表现和特质。

②与配偶彼此相爱的关系成为儿女最好的榜样。

4. 母亲的岗位职责：管理者的助手

（1）管理自己、自己的情绪，然后协助丈夫管理自己的家，使儿女端庄顺服。

（2）给儿女清楚的规则：有分明的赏罚及预先警告，使儿女逐渐养成自我节制的好习惯。

（3）教导儿女如何交友、如何管理钱财等。

（三）现代家庭角色和岗位职责

1. 丈夫的岗位职责

（1）支持妻子。丈夫应该支持妻子的抉择和决定，并在妻子需要帮助的时候提供帮助和支持。

（2）维持家庭财务。丈夫通常需要负责管理家庭财务，并确保家庭的经济稳定。

（3）提供物质支持。丈夫需要负责提供家庭所需的物质支持，包括食物、住房、医疗保健等。

（4）分担家务。在家庭生活中，丈夫应该和妻子一起分担家务和育儿责任。

（5）建立情感联系。丈夫应该与妻子建立良好的情感联系，积极地表达关心和爱意，并且主动沟通，以维持夫妻之间的亲密关系。

（6）提供安全感。丈夫需要为家庭成员提供安全感，保护家庭成员的安全和福祉。

2. 妻子的岗位职责

（1）维护家庭氛围。妻子应该为家庭营造一个温馨和谐的氛围，包括照顾家庭成员的情感需求，营造家庭的温暖和安全感。

（2）分担家务。在家庭生活中，妻子应该和丈夫一起分担家务和育儿责任，共同维护家庭的日常运作。

（3）照顾家庭成员。妻子需要照顾家庭成员的日常生活需求，包括提供健康的饮食、安排医疗保健、关心孩子的教育成长等。

（4）提供情感支持。妻子应该积极表达关心和爱意，并且主动沟通，与丈夫和家庭成员建立良好的情感联系，以维持夫妻之间的亲密关系。

（5）建立自我价值。妻子应该注重自我发展，提高自身的能力和素质，不断学习和进步，为家庭成员提供更好的支持和帮助。

3. 父亲的岗位职责

（1）提供物质支持。父亲需要承担家庭的经济责任，提供家庭所需的物质支持，包括支付家庭开销、孩子的教育费用等。

（2）参与家务劳动。父亲应该积极参与家庭的家务劳动，分担家务责任和育儿责任，与母亲一起共同维护家庭的日常运作。

（3）提供情感支持。父亲需要为家庭成员提供情感支持，与母亲和孩子们建立良好的情感联系，关注孩子的成长和发展，给予孩子们温暖和关爱。

（4）培养孩子的品德和能力。父亲应该与母亲一起协作，一起为孩子们提供合适的教育和培养，帮助孩子们建立正确的价值观和人生观，提高孩子们的素质和能力。

（5）建立家庭和睦氛围。父亲需要与母亲一起，为家庭营造一个和谐、稳定、温馨的氛围，帮助家庭成员之间建立良好的沟通和互动模式，提高家庭成员之间的感情质量。

4. 母亲的岗位职责

（1）照顾孩子。母亲需要承担照顾孩子的主要责任，包括喂养、清洁、照顾孩子的生活和健康，尤其是在孩子年幼的时候。

（2）提供情感支持。母亲需要为家庭成员提供情感支持，特别是在孩子成长和家庭困难的时候，需要给予家庭成员温暖和关爱，帮助家庭成员共同面对挑战和困难。

（3）参与家务劳动。母亲应该与父亲一起参与家务劳动，包括做饭、清洁、照顾孩子等，共同维护家庭的日常运作。

（4）培养孩子的品德和能力。母亲需要与父亲一起协作，一起为孩子们提供合适的教育和培养，帮助孩子们建立正确的价值观和人生观，提高孩子们的素质和能力。

（5）建立家庭和睦氛围。母亲需要与父亲一起，为家庭营造一个和谐、稳定、温馨的氛围，帮助家庭成员之间建立良好的沟通和互动模式，提高家庭成员之间的感情质量。

由于父亲和母亲岗位职责分工的差异，父爱和母爱也是有些微差异的。在艾瑞克·弗洛姆《爱的艺术》的描述中，母爱是一种祝福，是和平，既不需要去赢得（也根本无法赢得），也不需要为此付出努力的爱。他指出，母爱有时是一种消极的体验，"我"什么都不做就可以赢得母亲的爱，因为母爱是无条件的，"我"只需要是母亲的孩子就可以了。所以，当孩子在自我中心时期，一定要体验到"被人爱"（十岁之前），而十八岁前，一定要学会"爱别人"，认识爱比被爱更重要。这样，孩子在成人后才能学习"创造爱"，才能懂得"我爱你"和"我需要你"之间的差异。不成熟的、幼稚的爱即"我爱你，因为我需要你"，而成熟的爱却是"我需要你，因为我爱你"。无条件的母爱不仅是孩子，也是每个人最深的渴求！艾瑞克·弗洛姆指出，父亲代表思想的世界，人所创造的法律、秩序和纪律等事物的世界。父亲是教育孩子、向孩子指出通往世界之路的人。但是父爱是有条件的爱。他说，父爱的原则是“我爱你，因为你符合我的要求，因为你履行你的职责，因为你同我相像”。由于父爱有条件，所以“我”可以通过自己的努力去赢得这种爱。父爱可以培养孩子爱的能力。另外，孩子必须靠努力才能赢得父爱这个“条件”，要让孩子懂得在辜负父亲期望的情况下，就会失去父爱。

综上所述，在亲密关系的沟通中，只要伴侣双方根据关系中的“身份—规则—能力”原则，认真解读关系中的各种行为，觉察自己和对方解读行为中可能产生的误读行为，应用好解决方法，用心经营亲密关系，就一定能减少关系中的内耗，达成共赢。

第十一章
亲密关系的发展及其疗愈

> 长大成人的根本，不是妥协，而是智慧与平衡。既接纳人生不可避免的艰难，又不放弃把它变得更好的努力。也就是说，既要直面永远得不到你想要的世界的事实，但又绝不放弃心中想要的世界。
>
> ——奈曼

任何事物都有其自身发展的规律，亲密关系也不例外。心理学家克里斯托弗·孟在其著作《亲密关系》一书中把亲密关系分为月晕、幻灭、内省和启示四个阶段，即浪漫期、幻灭期、自省期和滋养期（伙伴期）。也有研究者把亲密关系分为光环阶段、失望阶段、反思阶段和豁朗阶段。这里根据亲密关系的生理、心理、认知影响因素，把它分为甜蜜期、疏离期、绝望期和亲密期。

一、从生理角度看亲密关系发展

性、欲望、爱情都是源于神奇的化学物质——荷尔蒙的组合。根据生理学家的研究发现，人会爱上别人是因为人体内分泌出的大量化学物质在操纵着性欲、爱情和伴侣关系。目前医学发现爱情和亲密关系与人体肾上腺激素、苯基乙胺、荷尔蒙、多巴胺、叶加压素等有关。这些化学激素能持续高浓度大约只有两年的时间，有些三四年，最多十年。情侣间的如胶似漆、意乱情迷的浪漫状态在双方相处十五个月后就开始淡化了（有些六个月开始消失），十年以后消失殆尽。这和社会学调查得出的亲密关系几个发展阶段的数据很接近。

当好感产生的时候就会分泌多巴胺，陷入爱情的时候则分泌苯乙胺醇，想拥抱他/她、想和他/她发生性关系的时候就会分泌睾固酮或宫素荷尔蒙，当终于分泌催产素的时候就会懂得互相珍惜对方的一切……

第一种最基本的爱情物质是苯基乙胺，简称 PEA。无论是一见钟情还是日久生情，爱情的产生都来自大脑产生的苯基乙胺，一种神经兴奋剂，能让人产生一种极度兴奋的感觉，使人觉得更加有精力、信心和勇气。甜蜜期的海誓山盟就是来自它的作用，它能让深陷情网的人做出极具诱惑力的承诺，不管自己是否能实现。除了动人的承诺之外，自信心膨胀也是 PEA 的副作用之一，它可以使甜蜜期的恋人产生某种偏见和执着，丧失客观评价的思维能力。

第二种重要的爱情物质是多巴胺。它能让恋人产生一种很欢欣快乐的感觉。多巴胺还能刺激后叶催产素的分泌，有消除紧张和抑郁的作用。一般认为拥抱时所感受到的那种安全感和满足感与这种激素密不可分。

第三种爱情物质是去甲肾上腺素。它有强大的血管收缩作用和神经传导作用。恋人间怦然心动的感觉就是这种激素在起作用。

第四种爱情物质是睾固酮。睾固酮通过血液到达脑部刺激性需求，被称为天然的性催化剂，男性的在睾丸里制造，女性的在卵巢里制造。这种荷尔蒙影响着亲密关系伴侣的欲望，驱使着双方发生性行为。

第五种爱情物质是内啡肽。它是一种镇静剂，可以降低焦虑感，让人体会到一种安逸的、温暖的、亲密的、平静的感觉。研究发现，幸福的伴侣已经习惯了内啡肽带来的宁静，很满足这种温馨的感觉，因此它又被称为婚姻激素。婚姻激素是在爱情激素水平下降后开始起主导作用的。如果说爱情激素的周期是六个月到四年，那渴望天长地久的伴侣需要在爱情消退前产生更多的内啡肽。

第六种爱情物质是后叶加压素/脑下垂体后叶荷尔蒙。它能促使伴侣担负社会责任和配偶责任，恋人间的贞操和忠心以及婚姻中的平静和满足感与它也有非常密切的关系。

总之，苯基乙胺使人坠入爱河，多巴胺传递亢奋和欢愉的信息，去甲肾上腺素让恋人产生怦然心动的感觉，内啡肽使恋人持久快乐，脑下垂体后叶荷尔蒙控制着恋人间的爱情忠诚度，所以亲密关系一定会随着这些化学物质的变化发生变化，人们需要做的是根据这些客观存在调整好自己的态度和行为，认识到亲密关系的发展规律，认识爱，好好爱。

二、从心理角度看亲密关系发展

根据马斯洛的需要层次论，人们进入亲密关系后随着需要的发展变化，心理也会发生不同的变化。从性到性亲密，褪去化学物质的影响作用，心理作用对亲密关系的影响渐渐显现出来。

心理学家荣格曾说过："潜意识正在操纵你的人生，你却称之为命运。"每一段糟糕的婚姻，都是自己和关系共同作用的结果；而每一段好的婚姻，都是自己与婚姻共同成长的结果。很多人满怀憧憬选择不同的人进入婚姻，会觉得这一定会和过去的关系截然不同，然而关系里即便你换了一个人，所要面对的每个阶段的考验和挑战仍然是一样的。只要你还持有过去的习惯模式，关系就还会按照原来的方向发展。

在一篇《一段好的婚姻至少要经历三次分离》的文章里，作者很形象地描述了亲密关系中四个阶段的关系变化过程。第一次分离即接受对方的不完美，离开自己的一部分幻想进入婚姻的落地期。每一个从恋爱进入婚姻的人，都会经历这种从幻想到现实产生的挫败感和不安全感，都会体验到这种从甜蜜期到疏离期的心路历程。

第二次分离，离开自己的一部分自恋，进入婚姻的磨合期。很多人能接受伴侣的不完美，但是无法接受自己的不完美，不断委屈、压抑、否定自己，忍无可忍时就离开这段关系。如果说第一次分离决定着我们能否进入真实的关系，那么第二次分离就决定着关系深入的程度，需要建立从浅水区进入深水区的心理模式和关系模式，不委屈自己，不隐藏自己，不抱怨伴侣，树立自我边界，去跟伴侣真实相遇，否则很多人在这个绝望期亲密关系就结束了。

第三次分离即进入温尼科特所描述的拥有自我力量的心理独立阶段，离开自己的一部分现实感，进入婚姻的升华期即亲密关系的最后一个阶段亲密期。温尼科特说："当假自我成长到某个阶段，个体就会变得贫乏，然后真自我开始冒险涉入来体验生活。”如果人们在一段关系里时间长了，也厌倦了，并且没有自我力量去实现什么，那么就会对伴侣有各种不满。正如快乐的伴侣会非常清楚地知道婚姻能给自己的就只能这么多，每个人都需要透过婚姻去探索自己存在的意义，通过健康的方式在婚姻之外找到自己存在的价值感。人们必须要尽己所能活出自我，才能在关系里感到更稳定、更安全、更满足。这个探索和寻找的过程将会伴随着人们的一生，也意味着自己的婚姻和人生是齐头并进的，不分彼此。

三、从认知角度看亲密关系发展

在处理亲密关系的过程中，大脑里有两套系统，即心理学家基思·斯坦诺维奇和理查德·韦斯特提出的系统 1 和系统 2。系统 1 的运行是无意识且快速的，不怎么费脑力，没有感觉，完全处于自主控制状态。系统 2 将注意力转移到需要费脑力的大脑活动上来，例如复杂的运算。系统 2 的运行通常与行为、选择和专注等主观体验相关联。在这里人们把依恋理论中涉及的原生人际关系模式称作系统 1，把后天通过学习、思考形成的关系认知模式称为系统 2。

人们在审视自己时，往往更容易采用系统 2，认为自己头脑清醒、富有逻辑、抱有信仰、善做抉择，能够决定自己想要什么和该做些什么。但是和原生家庭有关的系统 1 模式的自主运作诱发了极其复杂的理念模式，只有相对缓慢的系统 2 才能按部就班地构建想法。系统 2 需要良好的情绪管理能力和理性思考的认知能力，这样才能抑制系统 1 随性的冲动及其诱发的联想。通常情况下，系统 1 很善于完成自己的本职工作，它在熟悉情境中采取的模式是精确的，所做出的短期预测是本能的，遇到挑战时做出的第一反应也是迅速且熟悉的，而且永远无法关闭它。正因为系统 1 是自主运行的，人们无法随意使其停止，因此直观思维和原生模式所导致的错误常常难以避免。人们不可能一直没有成见，因为系统 2 可能对系统 1 产生的错误一无所知。即使对可能发生的错误有所察觉，也需要系统 2 不断地自我觉察、自我反思和刻意练习，进行强有力的调控和积极的运作才能避免。比如在亲密关系的疏离期和绝望期，人们需要用系统 2 随时提醒自己每个人在同一关系的不同时期各自的需要是不同的，自己的标准务必要随着各自不同的需要变换进行调整，而不能一成不变。

所以，若希望拥有一段好的亲密关系，就需要发展出面对关系各个阶段挑战的能力。这是每一个渴望进入亲密期的人终究要走上的自我成长之路，与跟谁在一起没有关系。

四、心理治疗策略与疗愈

（一）世界五大心理学派

1. 精神分析学派

这是奥地利维也纳精神科医生弗洛伊德提出的理论，认为人类的一切个体的社会的行为，都根源于心灵深处的某种欲望或动机，特别是性欲的冲动。这个学派非常强调无意识的作用，重视异常行为的分析，强调文化背景和社会因素对人格发展的影响。

2. 行为主义学派

这是美国心理学家华生提出的理论，认为人类的行为都是由刺激—反应的联结构成的，反对研究意识，主张研究行为；反对内省，主张行为实验，强调应该用客观的方法来研究可观察的行为。

3. 人本主义学派

这是马斯洛、罗杰斯等人提出的理论，认为人的本质是美好而善良的，人类会根据自己的需求来发展自己，即根据生理需求、安全需求、社交需求、尊重需求和自我实现的需求在不同层面上满足自己的需要，并充满内在力量。

4. 认知心理学派

这是奈瑟尔提出的理论，认为人是信息的加工者，人具有内在能力来处理信息、编码、加工以及输出。

5. 积极心理学派

这是美国当代著名心理学家马丁·塞里格曼、谢尔顿和劳拉·金提出的理论，认为心理学的功能在于建设而不是修补，主张采用科学的原则和方法研究幸福，倡导心理学的积极取向，研究人类的积极心理品质，关注人类的健康幸福与和谐发展。

（二）常见的夫妻治疗问题

在 20 世纪 60 年代的美国，当离婚被普遍接受的时候，人们开始关注亲密关系的各种问题。诊疗师们根据不同心理学派关注的不同重点，开始夫妻治疗。通常是一个治疗师、一对夫妻进行十五到二十周的咨询治疗工作，解决日常生活中出现的各种问题。以下问题是威斯曼等诊疗师 1997 年统计的咨询过程中最常见的九类问题及相应比例，其中黑体字标注的问题是诊疗师们认为最难治疗的。

（1）**沟通交流问题**　　（87%）

（2）**权力争夺**　　（62%）

（3）**不切实际的期待**　　（50%）

（4）性 （47%）

（5）问题解决能力 （47%）

（6）金钱和财务 （43%）

（7）缺乏亲密感 （40%）

（8）孩子 （38%）

（9）严重的个人问题 （38%）

（三）夫妻治疗策略

根据世界五大心理学派和不同的夫妻诊疗问题，不同心理学派的诊疗师会使用不同的诊疗方法，但是很多诊疗师不会执着于某一种诊疗方法，会根据来访者的实际情况进行多种方法的综合治疗。其中最常用的是以下四种夫妻诊疗方式。

1. 心理分析模型

这种诊疗方式有点像弗洛伊德的精神分析法，他们认为人们被无意识的动机驱动，即从婴儿时期形成的，在成年关系中显现出来各种没有解决的问题。这类问题大多数都跟父母有关。因此，心理分析的目的是区分并改变配偶的无意识感知，并让配偶把这些无意识感知与感情反应相联系。心理分析认为你并不是生妻子（丈夫）的气，而是生妈妈（爸爸）的气，你把对妈妈（爸爸）的不满投射到妻子（丈夫）身上了，并希望从对方身上获得曾经没有被满足的需要。

值得注意的是，让对方觉察自己童年时期的经历不是向对方反复强调自己童年过得有多么悲惨，而是通过这些觉察脱离那种无意识状态，提醒自己对方不是自己的妈妈（爸爸），了解对方童年的经历是为了了解对方，现在自己是独立的个体该怎样去解决问题，立足于问题解决。

2. 行为模型

不管双方各自的过去，只关注“现在”“行为”的一种诊疗方法。行为模型的目标是改善行为和造成行为的认知，从最基本的交流技巧着手。行为模型认为，亲密关系中的伴侣并不知道如何跟对方说话，只要把自己喜欢的沟通交流方式告知对方，双方根据制定的规则进行刻意练习，学会倾听和总结，并让对方回答自己是否总结正确。试着说出你的想法，不要有任何指责，按照这种对话模式，强化交流模式和交流技巧就可以解决问题。

这种模式在20世纪80年代发展为认知行为疗法，并不只强调行为，开始强调思想和归因。训练自己总结和归因的能力、面对压力的技巧，应用正确的方法解决问题。

3. 情感模型

情感模型认为亲密关系之所以是很独特的一种关系，在于人们情感的脆弱性。关注双方的感受以及如何回应对方的感受成了情感模型分析疗法最重要的事情。如何分享自己的感受？如何接受对方的痛苦？如何缓解对方的痛苦？如何安慰对方？也就是说，伴侣如何从认识双方的感受出发，如何将二人关系变成一个安全的港湾，一个表达最深刻情感的安全港湾。

4. 综合疗法（情感模型＋行为模型）

由UCLA的安德·烈克里斯蒂安森发明的夫妻诊疗方法，要求伴侣既要了解对方的感受，也要分享自己的感情并且接受自己的伴侣，强调对方是一个整体的“人”。“接受”是综合疗法中最重要的概念。

由于现实中的各种情况，如研究的人群以及道德伦理的约束，人们无法准确测量出每种诊疗方式的具体效果，而且研究的后期效果也是非常难以检测的。在长期的研究过程中，人们发现行为疗法和情感疗法容易手册化，操作效果最好，因为可以告诉参与治疗的伴侣每一步怎么做。心理分析模型更加放松，不过治疗师因为注重直觉而容易失误，特别适用于最基础的干预治疗，效果特别好。研究发现，做同样的十五次诊疗，情感疗法比行为疗法效果好，心理分析模型在四年后的长期效果最好。

值得注意的是，经过治疗的伴侣只有百分之四十变得不再抑郁，这就意味着百分之六十的伴侣仍然很抑郁，即使他们的关系有所改善，但是改善得并不多。另一个问题就是复发率很高，百分之三十至百分之五十的伴侣在治疗结束后一段时间会回到原点。改变难，保持持久的效果更难，要把打碎的蛋壳重新粘好是件非常不容易的事情。

改变很难，更何况很多伴侣要等到情况非常严重的时候才开始求助，甚至有些情况已经持续好几年或者关系濒临破裂的边缘了。为什么生活中鸡毛蒜皮的小事对亲密关系影响如此巨大？因为每个人和伴侣的关系非常亲近，恰如一个人平时拿大头针扎你，你不会感觉到多少疼痛，但是当一个人敞开心扉时对方却向自己的“心”不停扎大头针，这种疼痛的感觉累积起来和温水煮青蛙的效果是一样的，人们会关上心门，有些伴侣甚至不仅把门关了，而且还把钥匙都扔掉了。针对这些情况，一般会采用三级治疗和防御策略。

一级防御：针对所有人进行亲密关系知识的普及工作，接种“离婚疫苗”，提升人们在亲密关系中的免疫力以及解决亲密关系各种问题的能力。

二级防御：帮助那些原生家庭关系比较糟糕或者父母离异的

新婚伴侣，推荐一些可以自我觉察或自我疗愈的书籍，进行病前干预。

三级防御：治疗疾病，针对那些已经出现问题且积极求助的伴侣进行夫妻治疗。

最好的方式就是每个人都接种情感疫苗。美国科罗拉多大学做了一个两年的婚前关系提高计划，叫作 PREP 项目，即每对新婚伴侣都要参与这种亲密关系课程的学习，提高伴侣认识亲密关系、解决亲密关系问题的能力。或者进行婚前干预，婚前疫苗的效果取决于自己的风险，每个人可以根据自己的情况进行评估，是进行婚前干预还是新婚干预，或者等问题出现了再去解决，这些都需要每一个人自己决定。

人们给亲密伴侣造成的伤口愈合很慢，甚至不会愈合，即使愈合可以实现，但是也不会轻松，所以初始预防非常重要，甚至预防比治疗更重要，可以减少很多不必要的伤痛与伤害。所以，从爱开始，用心经营，亲密关系才能成为伴侣之间的祝福，才能让爱开出花来。

参考文献

[1] 弗洛姆. 爱的艺术 [M]. 李健鸣，译. 上海：上海译文出版社，2008.

[2] 戴伊. 古典神话人物100 [M]. 冷杉，冷枞，译. 上海：生活·读书·新知三联书店，2009.

[3] 吉登斯. 亲密关系的变革：现代社会中的性、爱和爱欲 [M]. 陈永国，汪民安，等，译. 北京：社会科学文献出版社，2001.

[4] 亨利·克劳德. 为婚姻立界线 [M]. 董文芳，译. 深圳：海天出版社，2010.

[5] 津留宏，泉宇佐. 结婚心理学 [M]. 上海：上海翻译出版公司，1986.

[6] 克里斯多福·孟. 亲密关系：通往灵魂的桥梁 [M]. 张德芬，余惠玲，译. 长沙：湖南文艺出版社，2015.

[7] 瞿同祖. 中国法律与中国社会 [M]. 北京：中华书局，2003.

[8] 渡边淳一. 男人这东西 [M]. 炳坤，郑成，译. 北京：文化艺术出版社，2004.

[9] 渡边淳一. 女人这东西 [M]. 作家出版社，2010.

[10] 渡边淳一. 丈夫这东西 [M]. 李迎跃，译. 青岛：青岛出版社，2018.

[11] GARY F. Sexuality Today [M]. 10th ed. New York: McGraw-Hill Education, 2011.

[12] 薛兆丰. 薛兆丰经济学讲义：来自超过25万人的经济学课堂 [M]. 北京：中信出版社，2018.

[13] 傅佩荣. 傅佩荣的西方哲学课 [M]. 北京：东方出版社，2023.

[14] 奥村康一，水野重理，高间大介. 男与女 [M]. 崔柳，译. 北京：机械工业出版社，2011.

[15] 丹尼尔·卡尼曼. 思考，快与慢 [M]. 李爱民，何梦莹，胡晓姣，译. 北京：中信出版社，2012.

[16] 孙隆基. 中国文化的深层结构 [M]. 北京：中信出版社，2015.

[17] 劳伦斯·斯通. 英国的家庭、性与婚姻 1500—1800 [M]. 刁筱华，译. 北京：

商务印书馆，2011.

［18］梁宁．产品思维［EB/OL］．（2019－11－30）［2025－03－18］．http://d.dedao.cn/FNvouW7sapw8Brrk.

［19］Tal Ben Shahar. 哈佛大学公开课：幸福课［EB/OL］．（2023－10－12）［2025－03－17］. https://open.163.com/newview/movie/free?pid=THKLB92QG&mid=undefined.

［20］Benjamin Karney. 加州大学洛杉矶分校：家庭与夫妇心理学：亲密关系［EB/OL］．（2020－03－27）［2025－03－17］. https://open.163.com/newview/movie/free?pid=M6QFLP2M8&mid=M6QFM8634.

致 谢

在2021年12月新冠疫情肆虐的某个夜晚，我开始编写这本书，2023年11月完成初稿，历时近两年。这本书的定稿，标志着我从2015年开始在社会上讲授“亲密关系课”到现在，走过了整整九年的时间。九年，对于有拖延症、做事慢半拍的我来说，感觉特别不容易。

一本书的编写完成离不开我生命中那些重要的人，离不开他们的鼓励、他们的支持，为此特别感谢陪伴我走过这九年的人，感谢他们的智慧、坦率和慷慨。

首先，我要感谢蓝洋和菊敏两位亲爱的弟子。正是她们的建议让我将课程讲义整理成书的想法变成了现实。在最初授课的日子里，我仅有自己翻译和整理的讲义及课件。当她们提议把这些内容编写成书时，我曾因害怕涉及翻译版权的法律事务而犹豫不前，是她们的鼓励和支持，让我下定决心开始这一浩大的工程。

接着，我要感谢四川大学的谢晋宇教授。在我迷茫困惑的时候，他的一席话让我重拾方向。他说：“既然亲密关系研究能够帮助到需要帮助的人，那就好好去做自己能做的事情。”他的指引让我坚定了写书的初心，也让我对这项工作有了更深的信念和热情。

最后，我要特别感谢贵州师范大学的刘春霞副教授。从初稿到二稿，再到最终的定稿，她不仅是书稿的细致修改者，更是整个写作过程中我最坚强的支持者。我们曾为某个单词的翻译反复讨论，为某个理论的内涵深度探讨，甚至为用词的精准表达而绞尽脑汁。在我感到筋疲力尽时，她的一句“完成比完美好”总能为我注入继续前行的动力，直到编写工作圆满完成。

这本书凝聚了太多人的心血和支持，也承载着我对亲密关系研究的热爱之情。一个“desire”“cost”就让我们讨论了很久，还特别征求了在国外学习、生活的朋友们的意见和建议，比如在加拿大读博士的邓永强同学，在美国学习生活了二十多年的Shirley……这些经历都弥足珍贵，但印象最深的还是那句——“完成比完美好”！

感谢为最终的成品做出了贡献的所有人。